2015

Zentral-Matura

Deutsch

Prüfungsaufgaben mit Lösungen

STARK

Bildnachweis
S. 23, links: Foto: Claude Truong-Ngoc; http://upload.wikimedia.org/wikipedia/commons/0/01/Remise_du_Prix_Sakharov_%C3%A0_Malala_Yousafzai_Strasbourg_20_novembre_2013_06.jpg?uselang=de; lizensiert unter CC-BY-SA 3.0 nicht portiert, rechts: © jorisvo – Fotolia.com
S. 35: picture alliance/dpa
S. 43: picture alliance/dpa
S. 57: picture alliance/dpa
S. 68: ullstein bild – ullstein bild
S. 79: ullstein bild – Sven Simon
S. 103, Hintergrund: © Alfi – Fotolia.com, links: © Gabriela – Fotolia.com, unten: © shootingankauf – Fotolia.com
S. 105, von links nach rechts: © Gunold | Dreamstime.com, Foto: Maggie Galway; http://commons.wikimedia.org/wiki/File:Quadrangle_Innenhof.jpg; Lizensiert unter CC-BY-SA 3.0 Unported, © AlbertoLoyo / iStockphoto
S. 107, Hintergrund: © Christian Funicelli – Fotolia.com, rechts: © kalou1927 – Fotolia.com
S. 117: © Eric Isselée – Fotolia.com
S. 127: © Tijana – Fotolia.com
S. 138, links: © Syda Productions – Fotolia.com, rechts: © Klaus Oppermann – Fotolia.com
S. 143: © Olga Sapegina/123RF
S. 153: © Monkey Business – Fotolia.com
S. 156: © picture-alliance/Image Source
S. 160: GlobalStock/iStockphoto
S. 168: © bramgino – Fotolia.com
S. 169: © bramgino – Fotolia.com

ISBN 978-3-8490-0940-3

www.stark-verlag.de

Inhalt

Themenpaket „Technik“

Themenpaket „Rollenbilder“

Autorinnen
Mag. Eva Ludescher: Themenpakete „Europa“, „Schule“, „Mut“, „Konsum und Werbung“, „Mensch und Natur“
Mag. Bettina Drozd: Themenpakete „Werte Jugendlicher“, „Technik“, „Rollenbilder“

Beratende Mitarbeit
OStR. Prof. Mag. Dr. Herta Mandl-Neumann

Vorwort

Liebe Schülerinnen und Schüler,

ab dem **Schuljahr 2014/15** wird in Österreich die schriftliche Reifeprüfung erstmals **zentral** gestellt, sodass alle Maturantinnen und Maturanten der AHS (später auch der BHS) dieselben Aufgabenstellungen im Fach Deutsch bearbeiten werden. Dieser Band bereitet Sie optimal auf die Anforderungen der neuen Prüfungsform vor.

Eine kurze Einführung informiert Sie über die **Besonderheiten** der standardisierten Reifeprüfung und bietet Ihnen **Hinweise und Tipps** zur Bearbeitung. Zusätzlich erhalten Sie einen übersichtlichen und knappen Überblick über alle für die Prüfung relevanten **Textsorten**.

Der Hauptteil des Buches umfasst **acht Themenpakete** mit **jeweils zwei Übungsaufgaben**. Diese sind nach dem Muster der neuen schriftlichen Reifeprüfung konzipiert. Bei den Aufgaben der ersten fünf Themen wird Ihnen zudem **schrittweise** und ausführlich demonstriert, wie Sie vorgehen können, damit Sie zu einem schlüssigen Ergebnis gelangen. Zu allen Übungsaufgaben finden Sie auch **Lösungsvorschläge**. An diesen können Sie sich bei Ihrem Vorgehen orientieren, die einzelnen Aufgaben lassen jedoch noch viele weitere richtige Lösungen zu. Mit der Bearbeitung der Übungsaufgaben trainieren Sie sowohl die methodischen als auch textsortenspezifischen **Kompetenzen**, die Sie für die standardisierte schriftliche Reifeprüfung im Fach Deutsch brauchen.

Wir wünschen Ihnen eine effektive Vorbereitung und ein erfolgreiches Abschneiden bei der Zentralmatura!

Die Autorinnen und der Verlag

Hinweise zu Aufgabenstellung und Vorgehensweise

Ab 2015 findet an der AHS erstmalig verpflichtend die neue Reifeprüfung statt. (Ab 2016 wird sie auch an der BHS als neue Reife- und Diplomprüfung gestellt.) Sie haben die Wahl zwischen jeweils drei schriftlichen und mündlichen Prüfungen oder vier schriftlichen Klausuren und zwei mündlichen Prüfungen. Die Klausur im Fach Deutsch ist – egal, wie Sie sich entscheiden – obligatorisch. Darüber hinaus sind alle schriftlichen Prüfungen standardisiert, d. h. sie werden zentral für alle Maturanten und Maturantinnen gestellt. Eine intensive Vorbereitung auf diese Klausur lohnt sich also auf jeden Fall.

Verschaffen Sie sich dazu zunächst einen Überblick über die Rahmenbedingungen der Prüfung. Ihnen werden drei Themenpakete mit je zwei voneinander unabhängigen Aufgaben unter einer thematischen Klammer vorgelegt. Insgesamt ist mindestens eine literarische Aufgabe enthalten. Sie haben **300 Minuten** Zeit, um **ein Themenpaket** zu **wählen** und die **beiden Aufgaben** zu **bearbeiten**. Beachten Sie, dass Sie sich also die Aufgaben nicht völlig frei aussuchen können, sondern die zwei Aufgaben des von Ihnen gewählten Themenpakets bearbeiten müssen. Entscheiden Sie sich deshalb nicht vorschnell für ein Thema, sondern wägen Sie ab, ob Sie mit beiden Aufgaben gleichermaßen zurechtkommen. Überfliegen Sie dazu alle Ihnen vorliegenden Arbeitsanweisungen und Materialien und überlegen Sie dann:

- Bei welchen Aufgaben kann ich meine Kenntnisse am besten einbringen?
- Gibt es Themen und Textsorten, die mir gar nicht liegen?
- Bei welchem Themenpaket kann ich *beide* Aufgaben gut bewältigen?

Gehen Sie nicht das Risiko ein, sich auf nur wenige Textsorten vorzubereiten. Das schränkt Ihre Wahlmöglichkeiten erheblich ein und zwingt Sie vielleicht, sich für ein Thema zu entscheiden, welches Ihnen eigentlich nicht liegt. Die Wahl des Themas soll zwar strategisch und gut überlegt sein, aber doch rasch erfolgen. Derzeit ist es so, dass Sie sich nach 30 Minuten **verbindlich** entscheiden müssen. Sobald Ihre Auswahl gefallen ist, sollten Sie sich zügig an die Bearbeitung der beiden Aufgaben machen. Diese bauen nicht aufeinander auf, sondern beziehen sich auf jeweils eigene Textbeilagen und können **unabhängig voneinander bearbeitet** werden. Beide müssen jedoch positiv beurteilt werden, um eine insgesamt positive Note zu erhalten. Lesen Sie sich also zunächst die **Aufgabenstellungen** genau durch und werden Sie sich darüber klar, was von Ihnen verlangt wird. Diese folgen einem bestimmten Schema:

- *„Verfassen Sie …“*
  Sie erhalten als Erstes einen Hinweis auf die **Textsorte**, welche Sie schreiben sollen. Diese finden Sie auch noch einmal ab Seite 8 beschrieben.
- *„Lesen Sie …“*
  Dann werden die **Textbeilagen** genannt, auf die Sie sich beziehen müssen. Es kann sich sowohl um Sachtexte und literarische Texte als auch um Karikaturen, Bilder, Grafiken oder Schaubilder (nicht-lineare Texte) handeln. Achten Sie darauf, *alle* Textbeilagen bei Ihrer Bearbeitung zu verwenden.
- *„Situation: …“*
  Anschließend wird Ihnen der **situative Kontext**, also die Situation und Rolle, in die Sie sich zur Bearbeitung der Aufgabe hineinversetzen müssen, vorgegeben. Dies ist besonders wichtig, wenn Sie einen Meinungstext, z. B. einen Kommentar, verfassen sollen. Aus dem situativen Kontext wird erkenntlich, aus welcher Sichtweise und für welche(n) Adressaten Sie diesen schreiben müssen. Beispiel:
  Die regionale Tageszeitung plant eine Sonderbeilage zum Thema „Familie und Kinder“. Als Jugendliche/r werden Sie gebeten, einen Gastkommentar zu verfassen, in dem Sie die aktuelle Einstellung von Jugendlichen zum Thema Kinder und Familie beschreiben. Hier wird von Ihnen erwartet, aus der Sicht eines Jugendlichen für die Leser einer regionalen Tageszeitung zu schreiben.
- *„Verfassen Sie … und bearbeiten Sie folgende Arbeitsaufträge: …“*
  In der der Regel erhalten Sie drei bis vier **Arbeitsaufträge**. Diese geben Ihnen einen Hinweis darauf, wie Sie Ihre Arbeit gliedern sollten. Folgen Sie bei der Bearbeitung der Teilaufgaben deren Reihenfolge und strukturieren Sie Ihren Text entsprechend. Zu Beginn jeder Teilaufgabe sagt Ihnen ein **Operator**, d. h. ein handlungsinitiierendes Verb, was genau von Ihnen verlangt wird. Manche Operatoren verstehen sich von selbst und weisen direkt auf die geforderte Textsorte hin, bei anderen ist es aber hilfreich, sich eine Übersicht über die jeweiligen Anforderungen zu verschaffen.
- *„Schreiben Sie zwischen … und … Wörter“*
  Insgesamt soll Ihre Arbeit pro Thema **ca. 900 Wörter** umfassen. Es besteht ein Spielraum von +/–10 %. Die maximale Wortanzahl teilt sich dabei auf die beiden Aufgaben auf: Entweder sind im Allgemeinen je 450 Wörter (+/–10 %) oder 300 und 600 Wörter (jeweils +/–10 %) zu schreiben. Bedenken Sie, dass der Umfang Ihrer Arbeit bzw. dessen Unter- oder Überschreitung (vgl. Hinweise zu den Textsorten ab S. 8) auch in die Bewertung einfließt.
- *„Markieren Sie Absätze mittels Leerzeilen.“*

Erläuterung der Operatoren

Operatoren sind Arbeitsanweisungen und helfen Ihnen einzuschätzen, welche Art von Aufgabenstellung gemeint ist. Um diese möglichst genau zu treffen, ist es sehr nützlich, sich schon vor der Prüfung (im Unterricht oder anhand der folgenden Tabelle) mit den verschiedenen Operatoren vertraut zu machen. Nur so können Sie sofort abschätzen, welche Anforderungen an Sie gestellt werden und wie ausführlich Sie sich einer Teilaufgabe widmen müssen. Grundsätzlich unterscheidet man nämlich die Operatoren nach verschiedenen Anforderungsbereichen. Dabei stellen Operatoren aus dem Bereich der **Reproduktion** (d. h. der Wiedergabe, z. B. *„beschreiben"*) niedrigere Anforderungen an Sie als solche aus dem Bereich der **Reorganisation** und des **Transfers** (d. h. der Neuordnung und der Übertragung auf neue Zusammenhänge. z. B. *„analysieren"*) oder der **Problemlösung** und **Reflexion** (z. B. *„bewerten"*). In der Regel sind auch die Teilaufgaben dementsprechend nach steigender Komplexität angeordnet. Eingeleitet werden die Arbeitsaufträge immer durch einen allgemeinen Operator, der Sie zur strukturierten und sprachlich angemessenen schriftlichen Behandlung dieser Arbeitsaufträge auffordert:

- *„Formulieren Sie …"*
- *„Stellen Sie … dar / Legen Sie … dar"*
- *„Schreiben Sie … / Verfassen Sie …"*

Folgende Tabelle enthält die wichtigsten Operatoren aus Anforderungsbereich I bis III:

Anforderungsbereich I: Reproduktion

Operatoren	Bedeutung	Beispiel
(be)nennen/ bestimmen	Hier sollen Sie aus einem Text entnommene Informationen nach deren Relevanz auflisten, ohne sie zu kommentieren.	Benennen Sie die Themen, zu denen sich … äußert.
beschreiben	Textaussagen oder Sachverhalte müssen in eigenen Worten strukturiert und richtig dargestellt werden.	Beschreiben Sie anhand der Grafik die Situation von …
wiedergeben	Sie sollen Inhalte oder Zusammenhänge in eigenen Worten sachlich und korrekt formulieren.	Geben Sie die Aussagen des Berichts kurz wieder.
zusammen-fassen	Sie sollen Inhalte, Aussagen bzw. Zusammenhänge komprimiert in sinnvoller Reihenfolge richtig wiedergeben.	Fassen Sie die Meinungen, die in dem Bericht über das Thema … vorkommen, zusammen.

Anforderungsbereich II: Reorganisation und Transfer

Operatoren	Bedeutung	Beispiel
untersuchen/ erschließen	Hier müssen Sie an Texten, Textaussagen, Problemstellungen oder Sachverhalten kriterienorientiert arbeiten.	Untersuchen Sie die Literaturbeispiele im Hinblick auf gattungsspezifische Merkmale.
analysieren	• **Literarische Texte:** Es wird erwartet, dass Sie Strukturen, Funktionen und Intentionen des Textes erfassen und deren Wechselbeziehungen berücksichtigen. Daneben sollen Sie wichtige strukturbildende, syntaktische, semantische, stilistische etc. Aspekte erarbeiten sowie deren Funktion für den Text als Ganzes bestimmen. • **Sachtexte:** Hier müssen Sie zusätzlich die pragmatische Struktur und Funktion ermitteln.	Analysieren Sie den Text im Hinblick auf seinen Aufbau und seine sprachlich-stilistischen Gestaltungsmittel.
einordnen	Hier geht es darum, einen Inhalt, eine Problemstellung oder einen Sachverhalt auf einen anderen Kontext zu beziehen.	Ordnen Sie das Gedicht in den literaturgeschichtlichen Zusammenhang ein.
vergleichen	Sie sollen mindestens zwei Texte oder Sachverhalte kriterien- bzw. aspektorientiert gegenüberstellen und analysieren, um Gemeinsamkeiten oder Unterschiede und Abweichungen zu ermitteln.	Vergleichen Sie die Anliegen der beteiligten Personengruppen zu diesem Thema.
erklären/ erläutern	Es wird gefordert, dass Sie Textaussagen oder Sachverhalte auf der Basis von Kenntnissen verständlich darstellen und durch Beispiele veranschaulichen.	Erläutern Sie, welche Maßnahmen Ihnen geeignet erscheinen, um diesem Problem zu begegnen.
in Beziehung setzen	Sie haben die Aufgabe, Textaussagen, Analyseergebnisse, Sachverhalte oder Problemstellungen mit vorgegebenen oder selbst gewählten Aspekten in Verbindung zu bringen.	Setzen Sie die im Bericht angeführten Ergebnisse zueinander in Beziehung.
charakterisieren	Es wird von Ihnen erwartet, dass Sie eine Person bzw. Figur mit deren äußeren und inneren Merkmalen darstellen.	Charakterisieren Sie den Protagonisten der Kurzgeschichte.

Anforderungsbereich III: Reflexion und Problemlösung

Operatoren	Bedeutung	Beispiel
deuten/ interpretieren	Hier müssen Sie einen Text hinsichtlich dessen Strukturen, Funktionen und Intentionen beschreiben. Bringen Sie die Ergebnisse der Untersuchung in einen erklärenden Zusammenhang.	Interpretieren Sie das Gedicht.
beurteilen	Sie sollen zu einem Text, einer Textaussage, einem Sachverhalt, einer Problemlösung oder einer Problematik zu einem selbstständigen, begründeten Urteil gelangen und dazu Ihr Fachwissen und Ihre Fachkenntnis einbeziehen.	Beurteilen Sie die Wirkung des Textes auf die Leser.
bewerten	Vgl. „beurteilen"; zusätzlich müssen Sie eigene Wertmaßstäbe begründen und offenlegen.	Bewerten Sie die Bedingungen für eine Vereinbarkeit von Beruf und Familie für Frauen.
(kritisch) Stellung nehmen/ kommentieren	Ihre Aufgabe ist es, eine Problemstellung oder -lösung, einen Sachverhalt oder eine Wertung aufgrund Ihrer Fachkenntnis kritisch zu prüfen, abzuwägen und anschließend zu formulieren.	Kommentieren Sie den im Text angesprochenen Zusammenhang zwischen … und … / Nehmen Sie zu … persönlich Stellung.
begründen	Es ist wichtig, dass Sie ein Analyseergebnis, ein Urteil oder eine Wertung fachlich und sachlich absichern (durch Argumente, Belege, Beispiele).	Begründen Sie in der Funktion eines/r Schülervertreters/in Ihre eigene Meinung zu …
erörtern/ diskutieren/ sich auseinandersetzen mit	Es wird von Ihnen erwartet, dass Sie eine These oder Problemstellung durch Argumente auf Ihre Stichhaltigkeit hin prüfen und darauf aufbauend eine eigene Stellungnahme widerspruchsfrei verfassen.	Erörtern Sie anhand von konkreten Beispielen die Stichhaltigkeit der im Text angeführten Thesen.
(über)prüfen	Sie müssen eine Textaussage, Argumentation, einen Sachverhalt etc. auf der Basis eigener Kenntnisse und Einsichten auf deren/dessen Angemessenheit hin untersuchen und Ihre Ergebnisse darlegen.	Überprüfen Sie die Stimmigkeit der im Text dargelegten Argumentation vor dem Hintergrund der Aussagen der beiden Grafiken.
entwerfen	Hier sollen Sie in Verbindung mit einer Textvorlage und auf der Grundlage einer konkreten Arbeitsanweisung einen eigenen Text planen, indem Sie die dazu notwendigen Entscheidungen und Arbeitsschritte benennen.	Entwerfen Sie ein Bild der Frau bzw. des Mannes von morgen.

gestalten	Es ist Ihre Aufgabe, in Verbindung mit einer Vorlage einen eigenen Text nach bestimmten Kriterien zu erarbeiten.	Gestalten Sie auf Grundlage Ihrer (Untersuchungs-) Ergebnisse eine begründete Empfehlung.
appellieren	Hier müssen Sie sich mit einer begründeten Bitte schriftlich an eine zuständige Einzelperson, ein Gremium oder eine Institution wenden.	Appellieren Sie anhand von konkreten Vorschlägen an …, sich Ihrem Standpunkt anzuschließen.

Die Operatorenliste orientiert sich an den vom bifie veröffentlichten Vorgaben: https://www.bifie.at/system/files/dl/srdp_de_operatoren_2013-07-16.pdf

Tipps zur sprachlichen Gestaltung

Neben dem inhaltlichen Aspekt spielen auch sprachliche Kriterien eine wichtige Rolle bei der Bewertung Ihrer Arbeit. Haben Sie (neben dem Korrektor) immer den fiktiven Adressaten im Blick, an welchen Sie Ihren Text richten sollen. Beachten Sie dazu beim Schreiben folgende Grundprinzipien, die für die meisten der von Ihnen verlangten Textsorten gelten:

Tipps zur sprachlichen Gestaltung

1. **Verwenden Sie das Tempus Präsens.** Vorzeitigkeit können Sie mit dem Perfekt ausdrücken.
2. **Vermeiden Sie Eintönigkeit und Wiederholungen.** Das gilt v. a. für Wörter, aber auch die Wiederholung immer gleicher Satzkonstruktionen (Subjekt – Prädikat – Objekt) wirkt monoton.
3. **Sorgen Sie für Verständlichkeit.** Vermeiden Sie insbesondere unübersichtliche Satzgefüge mit mehr als zwei Nebensätzen.
4. **Veranschaulichen Sie allgemeine Aussagen.** Führen Sie passende Beispiele an, damit der Leser sich von dem, was Sie sagen, ein Bild machen kann. Er wird Ihren Gedankengängen dann bereitwilliger folgen. Auch Sprachbilder sorgen für Anschaulichkeit
5. **Stellen Sie ausdrücklich Zusammenhänge her.** Dies betrifft insbesondere das Verhältnis von Ursache und Wirkung.
   Tipp: Fragen Sie sich innerlich bei jedem Satz, den Sie neu beginnen: Was hat diese Aussage mit der vorherigen zu tun? Verdeutlichen Sie die Zusammenhänge zwischen den einzelnen Sätzen, z. B. durch Einfügen von passenden Konjunktionen (z. B. *wenn, weil, obwohl*) oder Adverbien *(deshalb, trotzdem)*.

Die sprachliche Gestaltung einer Textuntersuchung (z. B. bei Textanalyse und -interpretation) verlangt insbesondere einen Stil, der sachlich-distanziert und klar, d. h. präzise und eindeutig formuliert ist und Fachtermini enthält.

Wenn Sie Texte verfassen, in welchen Sie auch Ihre Meinung darstellen und Leser überzeugen sollen (z. B. in einem Kommentar oder einer Meinungsrede), sind noch folgende Ratschläge hilfreich:

Tipps zur sprachlichen Gestaltung

6 **Setzen Sie gezielt rhetorische Mittel ein.** Fragen oder auch Ausrufe wecken die Aufmerksamkeit. Insbesondere rhetorische Fragen (z. B.: *Sollen wir uns das etwa bieten lassen?*) können den Leser wachrütteln.

7 **Sprechen Sie den Leser ab und zu direkt an.** Auf diese Weise signalisieren Sie Ihrem Adressaten, dass Sie ihn im Blick haben und Verständnis für ihn aufbringen. Zeigen Sie ihm, dass Sie sich vorstellen können, welches Vorwissen er mitbringt, welche Erwartungen er hat usw.

8 **Gestalten Sie Ihren Text lebendig.** Das kann Ihnen gelingen, wenn Sie weitgehend auf Nominalisierungen verzichten. Verwenden Sie lieber Verben, um auszudrücken, was eine Person sagt, tut oder denkt.

Hinweise zu den Bewertungskriterien

Die beiden Texte, die Sie im Rahmen der zentral gestellten, schriftlichen Klausur verfassen, werden wie bisher von der Sie unterrichtenden Lehrperson bewertet und beurteilt. Ihre Leistung wird nach folgenden Kriterien benotet:

- **inhaltliche** Aufgabenerfüllung, d. h.:
  Erfüllen Sie alle Arbeitsaufträge? Sind Ihre Ausführungen sachlich korrekt und komplex? Halten Sie die Kriterien der geforderten Textsorte ein und erfassen Sie den Inputtext richtig? Sind darüber hinaus eigene Ideen erkennbar?
- **textstrukturelle** Aufgabenerfüllung, d. h.:
  Ist Ihr Text nicht nur inhaltlich, sondern auch sprachlich zusammenhängend aufgebaut und strukturiert? Nehmen Sie auf die Textbeilagen Bezug? Verwenden Sie metakommunikative Mittel (d. h. sprachliche Signale, mit denen Sie *über* den Text sprechen, z. B. *Aus dem Gesagten ergibt sich …*)?
- Aufgabenerfüllung in Bezug auf **Stil und Ausdruck**, d. h.:
  Sind Ihre Sprachverwendung und Ihre Wortwahl der jeweiligen vorgegebenen Textsorte und Situation angemessen? Variieren Sie im Satzbau und

beherrschen Sie auch komplexe Satzstrukturen? Formulieren Sie in eigenen Worten, wenn Sie sich auf die Textbeilage beziehen?

- Aufgabenerfüllung hinsichtlich **normativer Sprachrichtigkeit**, d. h.: Beherrschen Sie die Regeln der deutschen Rechtschreibung, der Zeichensetzung sowie der Grammatik und können Sie diese auf Ihren Text anwenden?

Die Bewertungskriterien orientieren sich an den vom bifie veröffentlichten Vorgaben: https://www.bifie.at/system/files/dl/srdp_de_srdp_auf_einen_blick_2013-05-23.pdf

Überblick über die Textsorten

ZUSAMMENFASSUNG

Beim Schreiben einer Zusammenfassung müssen Sie mit wenigen Worten die **wesentlichen Textinformationen** zusammenhängend darstellen. Erschließen Sie dafür als ersten Schritt den Ausgangstext. Im Anschluss daran können Sie die Zusammenfassung schreiben. Diese bauen Sie so auf:

Einleitung mit Basisinformationen
Textsorte, Titel, Name des Verfassers, Quelle, Erscheinungsort und -datum, Thema (z. B. *In dem Bericht „…“ von xx , erschienen am … in …, geht es um …*) und Kernaussage des Textes.

Hauptteil mit den wesentlichen Textinformationen
Das sind alle wichtigen allgemeinen Aussagen und deren Begründungen oder Erläuterungen. Legen Sie vorher die Reihenfolge der ausgewählten Textinformationen fest.

Schlussabsatz
Es bietet sich an, hier noch einmal auf die Hauptinformation des Textes zu verweisen.

Stellen Sie beim Schreiben einer Zusammenfassung alle wesentlichen Textinformationen in einer sinnvollen Reihenfolge zusammenhängend dar. Achten Sie darüber hinaus bei Ihrer Darstellung auf Folgendes:

- Gestalten Sie Ihre Zusammenfassung **möglichst knapp**. Beschränken Sie sich auf die entscheidenden **Thesen**, die Sie bei der genauen Lektüre im Text markiert haben, sowie auf die entsprechenden **Begründungen** oder **Erklärungen**. Beispiele führen Sie nur an, wenn diese zum Verständnis absolut notwendig sind.

- Achten Sie auf einen **sachlichen, neutralen Ton**.
- Geben Sie den Text so weit wie möglich mit **eigenen Worten** wieder.
- Stellen Sie den Sachverhalt in **miteinander verknüpften Sätzen** dar, um Zusammenhänge zu verdeutlichen (z. B. mit Adverbien und Konjunktionen wie *anschließend, nachdem, deswegen, da, obwohl, wenn, …*).
- **Verzichten** Sie auf **wertende Aussagen**. Beschränken Sie sich auf die **Informationen**, die dem Text zu entnehmen sind, und enthalten Sie sich jeden Kommentars.
- Verwenden Sie durchgängig das **Tempus Präsens**. Ausnahme: Sie wollen Vorzeitigkeit zum Ausdruck bringen, also sagen, was zu einem früheren Zeitpunkt geschehen ist. Dann verwenden Sie das Tempus Perfekt.
- Äußerungen von Personen werden in Form von **indirekter Rede** wiedergegeben. Das gilt auch für Meinungsäußerungen des Verfassers.
- **Vermeiden** Sie ein **Überschreiten** der vorgegebenen **Wortanzahl**.

Zusammenfassung eines literarischen Textes

Wenn die Aufgabenstellung von Ihnen verlangt, den Inhalt eines literarischen Textes (z. B. einer Kurzgeschichte) zusammenzufassen, gehen Sie im Grunde so vor wie bei der Zusammenfassung eines Sachtextes. Statt der wesentlichen Informationen bzw. des Argumentationsgangs eines Sachtextes, geben Sie jedoch **in Kürze** das dargestellte **Geschehen** (also den **Handlungsverlauf**) wieder. Wichtig ist auch hier vor allem, dass die **Zusammenhänge** zwischen den einzelnen Aussagen deutlich werden (z. B. Grund und Folge) und Sie den Handlungsverlauf verständlich und ohne logische Gedankensprünge darstellen. Deshalb brauchen Sie sich nicht an die Reihenfolge zu halten, die der Text vorgibt, sondern Sie können Textstellen aus verschiedenen Abschnitten verknüpfen und eine zusammenfassende Aussage dazu machen.

Die **Einleitung** sollte in der Regel folgende Angaben enthalten:
- **Autor, Titel, Textsorte** und **Thema** (z. B. *Die Kurzgeschichte „…" von xx handelt von …*)
- den **Handlungskern**, d. h. einen **Überblick** über das **ganze Geschehen**, das im Text dargestellt ist (Basissatz). Beantworten Sie dabei folgende W-Fragen: *Wer? Wo? Wann? Was?*

Im **Hauptteil** nennen Sie anschließend **Einzelheiten**. Bei einem literarischen Text stellen Sie sich am besten diese Anschlussfrage: **Wie kommt es dazu?**

Formulieren Sie zum **Schluss** eine Art **Ergebnis** (z. B. *Es wird deutlich, dass …*).

TEXTANALYSE UND TEXTINTERPRETATION

Bei einer Textuntersuchung hilft die Differenzierung in nichtpoetische Texte (nichtfiktionale Texte, Gebrauchstexte) und poetische Texte (fiktionale Texte, literarische Texte). Die **nichtpoetischen Texte** lassen sich nach der Autorintention weiter untergliedern. So spricht man von belehrenden (kognitiven), regelnden (normativen), mitteilenden (informativen), begründenden (argumentativen) und auffordernden (appellativen) Texten. Mischformen, etwa Glosse oder Rezension, verbinden mehrere Intentionen. Bei den **poetischen Texten** ist zunächst die Gliederung nach den drei Grundgattungen ausreichend: epische, dramatische und lyrische Texte. Auch hier finden sich Mischformen wie die Ballade. Der Essay enthält poetische und nichtpoetische Anteile.

Poetische Texte unterscheiden sich durch ihre fiktive Wirklichkeit, ihre Komplexität und Vieldeutigkeit von den oft eindeutigen, zweckgerichteten Gebrauchstexten. Diesem Unterschied wird meist auch in Aufgabenart und Aufgabenstellung entsprochen. Während die **Textanalyse** mehr auf eine genaue **Beschreibung** von Gebrauchstexten angelegt ist, zielt die **Interpretation** eher auf eine vertiefte **Deutung** von poetischen Texten. Dabei müssen die Aussagen jeder Interpretation stets belegt, begründet und überzeugend abgesichert sein – auch durch korrekt (direkt oder indirekt) zitierte Textaussagen. Dies macht eine faktenorientierte **Erschließung** im Vorfeld der Deutung absolut notwendig. Das heißt konkret:

- Eine **Textanalyse** verlangt die **Beschreibung** eines fiktionalen oder nichtfiktionalen (möglicherweise auch nicht-linearen) Textes nach vorheriger Analyse von **Sprache, Form und Inhalt**.
- Dagegen verlangt eine **Textinterpretation** die **Deutung** eines fiktionalen oder nicht-fiktionalen Textes, welche auf der Untersuchung auffälliger Textmerkmale basiert. Sie müssen dabei zu **begründeten Bewertungen** gelangen. Ziel ist ein möglichst **umfassendes Textverständnis**.

Berücksichtigen Sie zudem beim Verfassen Ihrer Arbeit, dass bei diesen beiden Textsorten insbesondere eine **Unterschreitung** des vorgegebenen Umfangs **negativ** bewertet wird. Eine Überschreitung der Wortanzahl ist erlaubt, muss aber unbedingt zur Verbesserung des Inhalts beitragen.

Aufgabenschwerpunkte bei nichtpoetischen Texten (Sachtexten)

Nichtpoetische Texte werden von Realitätsbezug und zweckorientierter Intention bestimmt. Je nach Aufgabenstellung sollen Sie diese in der Regel genau beschreiben, indem Sie sie nach inhaltlichen, formalen und sprachlichen

Gesichtspunkten analysieren. Bei **argumentativen Texten** (z. B. Kommentar, Rezension) liegt der Schwerpunkt vor allem auf gedanklichem Aufbau, Argumentationsgang und Argumentationsweise sowie der sprachlich-stilistischen Darstellung. Bei **appellativen Texten** (z. B. Rede, Werbung) geht es um das angestrebte Ziel (was will der Autor erreichen?), die eingesetzten Mittel (womit soll das Ziel erreicht werden?) und den Adressatenbezug (welche Wirkung haben die eingesetzten Mittel? Welche Folgen lassen sich erschließen oder sind zu erwarten?). Rein **kognitive, normative und informative Texte** (z. B. Nachricht, Gesetzestext) finden sich bei den Aufgabenstellungen kaum.

Ihrer Textanalyse liegt ein dreiteiliges Aufbauschema zugrunde, das man grundsätzlich bei der Analyse von Sachtexten verwenden sollte. Halten Sie sich beim Schreiben Ihrer Arbeit an folgende Fragen:

Einleitung
- Welche Informationen zu **Autor, Titel**, Textsorte und **Erscheinungsjahr** des Textes liegen mir vor?
- Wie lautet die **Thematik** des Textes?

Hauptteil
- Wie ist der Text gedanklich aufgebaut?
- Welche **zentralen Aussagen** macht der Text und wie hängen diese zusammen?
- Welcher **logischen Struktur** folgt der Text (Thesen, Begründungen, Beispiele)?
- Wie ist die **sprachliche Darstellungsweise**?
- Gibt es Besonderheiten bei Satzstruktur/Wortwahl/sprachlichen Mitteln?

Schlussteil
- Wie kann ich die **Aussageabsicht** des Textes zusammenfassen?

Aufgabenschwerpunkte bei poetischen Texten (literarischen Texten)

Aus der Unterteilung von literarischen Texten in die drei Grundgattungen Epik, Dramatik und Lyrik ergeben sich teils gleiche, teils unterschiedliche Aufgabenschwerpunkte. Ziel der Interpretation jedes literarischen Textes ist dabei ein umfassendes Textverständnis, welches Sie durch die Untersuchung auffälliger Textmerkmale und das Formulieren einer begründeten Bewertung erreichen sollen. Gemeinsame Aspekte sind des Weiteren Thema, Inhalt, Aufbau, Sprache, Motivik, Problemgehalt, Epochenbezug.

Bei **epischen Texten** achten Sie zusätzlich auf Erzählstrategie, Handlungsverlauf, Figurendarstellung sowie Raum- und Zeitgestaltung. Besondere Bedeutung kommt der Motivik zu. Ähnlich verhält es sich bei **dramatischen Texten:** Wichtige Untersuchungsbereiche sind Komposition, Figurendarstellung, Raum- und Zeitgestaltung sowie Kommunikationssituation (Gesprächs- bzw. Dialogführung). Bei **lyrischen Texten** liegen die zusätzlichen Akzente auf den Bauelementen, den Besonderheiten der lyrischen Sprache und der Position des lyrischen Ich.

Zusammenfassung: Die Grundelemente des Interpretationsaufsatzes

Klären Sie folgende Fragen beim Verfassen Ihrer Interpretation. Diese sind je nach konkreter Aufgabenstellung individuell auszugestalten:

Einleitung: *Textwiedergabe*
- Welche **grundlegenden Informationen** zum Text liegen mir vor (Autor, Titel, Textsorte, …)?
- Welche **Thematik** behandelt der Text?

Hauptteil

Interpretationshypothesen
- Welchen **ersten Eindruck** haben Thema, Behandlung des Themas und sprachliche Gestaltung bei mir hinterlassen?
- Welche Bedeutung ist zu vermuten?

Textbeschreibung
- Welche Teilthemen werden in welcher **Anordnung** behandelt?
- Welche **formalen und sprachlichen Gestaltungsmittel** werden – wie – eingesetzt?

Interpretation
- Wie weit lassen sich die **Teilaspekte verbinden**?
- Was ergibt sich so als **Gesamtdeutung**?
- Was bedeutet(e) der Text in seiner Zeit/gegenwärtig?
- Welche **Intention** und welche **Wirkung** hat der Text?

Schlussteil: *Begründete Bewertung*
- Was sind die wichtigsten **Ergebnisse** der Untersuchung/Interpretation?
- Wie stehe ich zur Aussage, Forderung des Textes?
- Was hat das durch den Text Dargestellte mit **meiner Wirklichkeit** zu tun?
- Wie begründet sich **mein Standpunkt**?
- Sehe ich Alternativen?

ERÖRTERUNG

Erörtern heißt, sich schriftlich mit einem **Sachthema** oder **Problem** in klarer gedanklicher Struktur sowie in überzeugender und einsichtiger Weise **auseinanderzusetzen** und eine sachgerechte **Lösung zu suchen**. Wichtig ist, dass eine Erörterung keine persönlichen Kommentare beinhaltet, sondern vielmehr **Schlussfolgerungen**, die Sie **aus Ihrer Argumentation** gewinnen.

Zu Beginn **erfassen** Sie die **Aufgabenstellung**, indem Sie diese genau lesen und sich über die Anforderungen der einzelnen Teilaufgaben klar werden. Oft verlangt die erste Teilaufgabe von Ihnen, sich mit den wesentlichen Aussagen bzw. Thesen und Argumenten des zugrunde liegenden Sachtextes zu befassen und diese wiederzugeben. Bedenken Sie jedoch, dass bei einer Erörterung auf der Grundlage eines Sachtextes und/oder einer Grafik bzw. eines Diagramms die **eigene Auseinandersetzung** mit diesen im Zentrum Ihrer Arbeit steht: Das bedeutet, dass die Erörterungsaufgabe sich nicht darin erschöpft, die Thesen und Argumente eines Textes kritisch zu prüfen und differenziert dazu Stellung zu beziehen. Vielmehr schließt diese Aufgabenart **selbstständige Erwägungen** zu der im Text diskutierten Problematik mit ein, die **über die Textvorlage hinausführen**.

Das **Erschließen des Themas** lässt oft bereits die Richtung erkennen, in die die Gliederung zielen wird. So enthält in der Regel schon der Arbeitsauftrag Ansatzpunkte zu einer Strukturierung. Zur Erfassung des Themas gehört auch, dass Sie erkennen, welche Art von Erörterung von Ihnen verlangt wird. Themen, die eine Auseinandersetzung fordern (im Anschluss an Entscheidungsfragen), sind **dialektischer** bzw. kontroverser Natur und zielen nach der Darstellung von **Pro und Kontra** auf eine **Entscheidung** und Wertung. Erfordert eine Fragestellung **keine Entscheidung** mit Ja oder Nein von Ihnen (Ergänzungsfrage), handelt es sich um eine **lineare** Erörterung. Hier sollen Sie **unterschiedliche Aspekte** eines Sachverhalts diskutieren.

Das Sammeln und Ordnen von möglichen Argumenten erfolgt in drei Schritten:

1. Schritt: Sammeln Sie sachliche Fakten, Argumente, mögliche Gegenargumente, Zitate und Beispiele.
2. Schritt: Fassen Sie diese nach sachlichen Entsprechungen zusammen.
3. Schritt: Die zusammengestellten Stichpunkte erhalten Oberpunkte. Gliedern Sie diese anschließend steigernd nach ihrer Wichtigkeit.

Aus den vorher geordneten Argumenten und Fakten ergibt sich dann auch die Gliederung. Bei der dialektischen Erörterung sind zwei **Aufbaumöglichkeiten** der Argumentation möglich:

Sandhur-Modell		These-Gegenthese-Modell
↓ Gegenargument 1 ↓ Gegenargument 2 ↓ Gegenargument 3	Argumente für die Gegenthese	↘ Argument 1 ↙ Gegenargument 1 ↘ Argument 2
↓ Argument 1 ↓ Argument 2 ↓ Argument 3	Argumente für die These	↙ Gegenargument 2 ↘ Argument 3 ↙ Gegenargument 3
Wertung, Urteil bzw. Lösung		Wertung, Urteil bzw. Lösung

Befolgen Sie – egal für welches der beiden Modelle Sie sich entscheiden – bei der Anordnung Ihrer Argumente das **Prinzip der Steigerung**. Führen Sie also das Argument, das am stärksten für Ihre **persönliche Schlussfolgerung** spricht, als Letztes an, damit diese logisch erscheint. Bei den Gegenargumenten sollten Sie beim Sanduhr-Modell zunächst das stärkste Argument nennen.

Bauen Sie Ihre Erörterung dreiteilig in Einleitung, Hauptteil und Schluss auf:

Die Einleitung
Diese verfolgt zwei Ziele: zum einen die **Hinführung zum Thema** und zum anderen die **Motivation des Lesers**. Dies können Sie mit verschiedenen Möglichkeiten erreichen, z. B. indem Sie auf persönliche Erfahrungen hinweisen, aktuelle Bezüge herstellen, vom Gegenteil ausgehen oder vorliegende Texte, Stoffe, Themen oder Motive in größere Zusammenhänge einordnen. Auch ein Zitat kann eine gute Möglichkeit zur Einleitung sein.

Der Hauptteil
Hier führen Sie Ihre Argumentation aus. Ordnen Sie dafür die einzelnen Argumente entsprechend Ihrer Vorüberlegungen und der Aufgabenstellung (linear/dialektisch) an. Verstärken Sie die Beweiskraft Ihrer Argumente, indem Sie z. B. auf Kernstellen und Zitate der Textvorlage verweisen oder sich auf feste Normen (z. B. Grundrechte), Traditionen oder Autoritäten (z. B. Fachleute) berufen. Sie können auch Fakten, Statistiken und Zahlen anführen.

Der Schluss
Er rundet Ihre Arbeit ab, indem Sie hier (je nach Aufgabenstellung) z. B. eine Zusammenfassung oder einen Ausblick bieten, eine persönliche Aussage treffen, **Lösungsvorschläge** darlegen oder **Appelle** an den fiktiven Leser richten.

Bei dieser Textsorte ist eine Unterschreitung der Wortanzahl problematisch.

LESERBRIEF

Mit einem Leserbrief reagiert man in der Regel auf einen **Text**, der vor Kurzem veröffentlicht wurde, z. B. in einer Zeitung. Meist ist es dem Schreiber ein Bedürfnis, **zu diesem Text seine Meinung zu äußern**. In welche Richtung seine Meinungsäußerung zielt, hängt von der Art des Zeitungsartikels ab: Ein Bericht könnte ihn dazu bewegen, sich mit den **Informationen** auseinanderzusetzen, die der Text vermittelt. Vielleicht würde er einen Bericht über eine geplante Ausweitung der Videoüberwachung auf öffentlichen Plätzen zum Anlass nehmen, um seine Sorgen vor einem drohenden Überwachungsstaat auszudrücken. Er würde sich also mit dem **gesellschaftlichen Problem** befassen, von dem im Bericht die Rede ist. Anders wäre es, wenn der Leserbrief auf einen Meinungstext, z. B. einen Kommentar, reagiert: Dann nämlich setzt man sich mit der **Meinung** des Verfassers auseinander, z. B. könnte man den Lesern mitteilen wollen, dass man die Meinung des Autors nicht teilt.

Im Gegensatz zum persönlichen Brief ist ein Leserbrief **an keine bestimmte Person** gerichtet. Als potenzielle Adressaten hat der Schreiber die anderen Zeitungsleser im Blick, die er nicht kennt. Deshalb ist eine direkte Anrede der Adressaten nicht erforderlich.

In jedem Fall beginnt ein Leserbrief mit der **Bezugnahme auf den Text**, auf den der Schreiber reagiert, damit die Leser wissen, um welches Thema es überhaupt geht. Es empfiehlt sich, den Inhalt des Textes am Anfang noch einmal kurz zusammenzufassen. In der Regel liegt die Veröffentlichung des Artikels nämlich schon einige Tage zurück. Erst danach äußert der Schreiber seine eigene Meinung, die er anschließend **ausführlich begründet**.

Ein Leserbrief sollte so strukturiert sein:

- Zu **Beginn** nehmen Sie **Bezug auf den Zeitungstext**, zu dem Sie sich äußern. Nennen Sie dessen Autor, Titel, Erscheinungsdatum und -medium sowie Thema des Artikels und fassen Sie den Inhalt knapp zusammen.
- Äußern Sie anschließend Ihre **Meinung** zu dem Text: entweder zu den Informationen, die in einem Bericht vermittelt wurden, oder zu der Position, die der Verfasser eines Kommentars vertreten hat.
- Im weiteren Verlauf **begründen** Sie Ihre Meinung. Dabei können Sie sich auch auf **eigene Erfahrungen** und **Ihr Wissen** beziehen.
- Zum **Schluss** bringen Sie Ihren **entscheidenden Gedanken** noch einmal pointiert zum Ausdruck und formulieren (je nach Aufgabenstellung) einen **Lösungsvorschlag** oder **Appell**.

Bei dieser Textsorte sollten Sie den vorgegebenen Umfang nicht überschreiten.

OFFENER BRIEF

Ein offener Brief richtet sich an einen **konkreten Empfänger**. Dies kann neben einer bekannten Persönlichkeit des öffentlichen Lebens auch eine Institution bzw. deren Vertreter sein (z. B. SGA, Nationalrat, …). Der Verfasser spricht sie direkt an, um sein Anliegen vorzutragen. Meist gibt es einen Anlass dafür; vielleicht hat sich die Person öffentlich zu einem Thema geäußert und diese Äußerung hat dem Schreiber nicht gefallen. Nun verfasst er einen Brief, um so seine Meinung mitzuteilen. Oft richtet er auch einen Appell an den Empfänger; er könnte ihn z. B. auffordern, seine Haltung zu überdenken o. Ä.

Dieser Brief wird nicht auf dem Postweg an den Empfänger geschickt, sondern an ein Publikationsorgan, z. B. an eine Zeitung. Ziel des Schreibers ist es, den Brief öffentlich zu machen; er bittet die Zeitung darum, den Text abzudrucken, weil er sich wünscht, dass ein größerer Leserkreis davon Kenntnis nimmt und die Veröffentlichung eine **Diskussion anstößt**. Grundsätzlich gilt: Man schreibt einen offenen Brief nur dann, wenn man das Gefühl hat, ein wichtiges Thema müsste verstärkt in den Fokus der Öffentlichkeit rücken.

Das Besondere an einem offenen Brief ist, dass der Schreiber seine Worte dem Schein nach an eine Einzelperson richtet, in Wirklichkeit aber einen viel größeren Leserkreis im Blick hat. Dieser **Schwebezustand zwischen Privatheit und Öffentlichkeit** macht den Reiz eines solchen Textes aus.

Ein offener Brief sollte so strukturiert sein:

- Beginnen Sie mit der **Anrede** des Empfängers. Nennen Sie dann den **Anlass**, der Sie dazu bewegt, den Brief zu schreiben. Als Grundlage für einen offenen Brief erhalten Sie in der Regel einen Text.
- Danach folgt die **Auseinandersetzung mit dem Adressaten:** Entweder stellen Sie etwas, das die Person gesagt hat, vorsichtig infrage. Oder Sie äußern Ihr Befremden und protestieren. In seltenen Fällen stimmen Sie auch ausdrücklich zu.
- Wie in allen anderen Texten schließt sich eine **ausführliche Begründung** an. Dabei können Sie den Adressaten zwischendurch direkt ansprechen, so wie in einem persönlichen Brief, z. B.: *„Halten Sie das wirklich für richtig?“*
- **Bekräftigen** Sie am Schluss Ihr **Anliegen** noch einmal. Entweder fordern Sie den Adressaten auf, sich zu dem Thema erneut öffentlich zu äußern und dabei eine Klarstellung vorzunehmen. Oder Sie bitten ihn darum, sich verstärkt für die Lösung eines Problems einzusetzen. **Schlussformel** und **Unterschrift** (aus welcher Ihre Funktion hervorgeht) schließen den Text ab.

Beim offenen Brief sollten Sie die angegebene Wortanzahl nicht überschreiten.

KOMMENTAR

Ein Kommentar ist eine journalistische Textsorte, die der **Meinungsbildung** dient: In dem **subjektiv wertenden** Text steht die Meinung des Autors zu einem Thema bzw. Ereignis im Mittelpunkt. Der Verfasser muss also **eindeutig Stellung beziehen**, sodass die eigene Meinung klar erkennbar ist – aber erst nachdem er sich zunächst einen Überblick über das Thema verschafft und vorliegende Informationen analysiert hat. Dazu müssen Sie sich in der Regel auf einen konkreten Ausgangstext beziehen. Den dort dargestellten Sachverhalt sollen Sie korrekt und in eigenen Worten darlegen.

Anlass für das Verfassen eines Kommentars ist meist ein **aktuelles Ereignis**, z. B. aus Politik, Wissenschaft oder Kultur. Dieses muss eine Meinungsäußerung notwendig machen und auf öffentliches Interesse stoßen. Der Verfasser eines Kommentars will die Leser dazu bewegen, das Ereignis bzw. Thema aus einem bestimmten (nämlich seinem eigenen) Blickwinkel zu betrachten. Um sie zu überzeugen, braucht er gute Argumente.

Der Aufbau eines Kommentars sieht in der Regel so aus:

- Formulieren Sie eine prägnante **Überschrift**, mit der Sie die Aufmerksamkeit der Leser provozieren.
- Nehmen Sie in der **Einleitung** Bezug auf den **Sachverhalt**, zu dem Sie Stellung beziehen möchten. Dabei handelt es sich normalerweise um einen Sachverhalt, der Ihnen in einem Ausgangstext vorgelegt wird und den Sie kurz in sprachlich verdichteter Form wiedergeben sollen.
- Im **Hauptteil** äußern Sie zunächst Ihre **Meinung** zu dem Thema. Dann folgt die Begründung, also die eigentliche **Argumentation**. Nehmen Sie dabei auch Gegenargumente auf und widerlegen Sie sie.
- Im **Schlussabsatz** bekräftigen Sie Ihre **Meinung** noch einmal und zeigen die Konsequenzen Ihrer Überlegungen auf. Versuchen Sie, diesen Absatz möglichst originell zu gestalten, z. B., indem Sie ihn mit einer überraschenden oder provokanten Formulierung oder einem **Appell** beschließen.

Grundsätzlich empfiehlt sich eine **kritische Sicht** auf das Thema. Es ist nämlich leichter, sich mit einem Problem auseinanderzusetzen als sich ausschließlich zustimmend zu äußern. Verwenden Sie bei der **sprachlichen Gestaltung** Ihres Kommentars **Stilmittel** (stilistische Bandbreite als Beurteilungskriterium) und versuchen Sie, einen „eigenen Ton" zu finden. Hüten Sie sich auch davor, sich mit Ihren Formulierungen allzu eng am Vorlagentext zu orientieren: Verwenden Sie möglichst **eigene Worte**. Sie sollten außerdem die vorgegebene Wortanzahl nicht überschreiten.

EMPFEHLUNG

Eine Empfehlung stellt eine Art „Gutachten“ dar. Aus der Beschäftigung mit einer Sachfrage bzw. der Analyse von Texten ziehen Sie **Schlussfolgerungen** und nehmen eine **argumentative Bewertung** vor. Im Alltag begegnen Ihnen Empfehlungen z. B. in Verbraucherzeitschriften. Diese geben aufgrund von vergleichenden Tests Kaufempfehlungen für bestimmte Produkte ab. Sie sollen einem ähnlichen Prinzip folgen: Treffen Sie eine Entscheidung zwischen **zwei oder drei Auswahlmöglichkeiten**, welche Sie aufgrund **eigener oder vorgegebener Kriterien** fällen. Dabei sollen Sie als Basis Ihrer Entscheidung entweder vorliegende **Materialien bzw. Texte** als Informationsquelle nutzen und auswerten oder diese vergleichend analysieren. Formulieren Sie auf dieser Grundlage Ihre **Argumente** für die Möglichkeit, die Sie ausgewählt haben. Gehen Sie zusätzlich auch kurz auf die Hauptargumente gegen die Alternative(n) ein. Zudem sollten Sie die verschiedenen Argumente abwägen und eine **Bewertung** vornehmen. Abschließend können Sie aufgrund Ihrer Argumentation eine **Empfehlung** formulieren.

Beim Verfassen einer Empfehlung ist es wesentlich, dass Sie genau auf den **situativen Kontext** der Aufgabe achten: Welche Rolle sollen Sie als Schreiber einnehmen? Und an wen sollen Sie Ihre Empfehlung richten (Adressat/en)? Schreiben Sie im Tempus **Präsens** und achten Sie darauf, den vorgegebenen Umfang nicht zu überschreiten.

Je nach konkreter Aufgabenstellung variiert der Aufbau Ihrer Empfehlung. Grundsätzlich können Sie jedoch so vorgehen:

Einleitung
Stellen Sie die **Situation** bzw. den Anlass für Ihre Empfehlung dar und geben Sie einen Überblick über die Auswahlmöglichkeiten. Sie können auch Ihre(n) Adressaten direkt ansprechen.

Hauptteil
Hier sollen Sie in der Regel Ihre **Argumentation** darlegen. Führen Sie sowohl Argumente für die von Ihnen gewählte Möglichkeit an als auch kurz die wichtigsten Hauptargumente, welche gegen die Alternativen sprechen.

Schluss
Auch beim Schluss gilt es, die Aufgabenstellung genau zu beachten. Für gewöhnlich formulieren Sie hier Ihre **Empfehlung**. Denkbar sind auch ein Kompromissvorschlag oder ein „offener“ Schluss – dieser bietet sich an, wenn Sie eine Bedingung für eine Empfehlung anführen (z. B. *Wenn …, dann wird … empfohlen*).

MEINUNGSREDE

Eine Rede wird zwar mündlich gehalten, die meisten Redner möchten aber lieber nichts dem Zufall überlassen. Deshalb schreiben sie das, was sie einem größeren Publikum vortragen wollen, vorher Wort für Wort auf.

Ein guter Redner nimmt Rücksicht auf seine **Zuhörer**. Schon beim Entwurf des Textes hat er sie im Blick: Er mutet ihnen keine komplizierten Satzkonstruktionen zu, verzichtet nach Möglichkeit auf Fremdwörter, die nicht jedem geläufig sind, und zeigt ihnen auch von Zeit zu Zeit, dass er an sie denkt, z. B., indem er sie **direkt anspricht**. Vor allem versucht er, ihr **Interesse** zu **wecken**, etwa dadurch, dass er anschauliche Beispiele oder Sprachbilder einfließen lässt. Wichtig ist, dass er sich ein **Ziel** setzt: Er sollte sich darüber klar werden, was er seinem Publikum eigentlich vermitteln will. Darauf steuert er in seiner Rede zu. Anders als bei einem Leserbrief oder einer Stellungnahme hält er sein Anliegen jedoch zunächst noch zurück. Eher gestaltet er seine Ansprache so, dass erst nach und nach deutlich wird, was ihm wichtig ist.

Eine Rede sollte natürlich nicht nur von der **Darstellung** her geschickt entworfen sein. In erster Linie geht es um die **Inhalte:** Schließlich will der Redner dem Publikum etwas Interessantes bieten. Dabei muss er auch Rücksicht auf die Befindlichkeit seiner Zuhörer nehmen. Selbst wenn er Kritik an ihnen üben will, sollte er sich davor hüten, sie allzu sehr vor den Kopf zu stoßen. Wenn er sein Publikum verärgert, wird es ihm nicht gelingen, es zu überzeugen und sein Anliegen zu erreichen.

Der Aufbau Ihrer Meinungsrede richtet sich nach der konkreten Aufgabenstellung, Sie können sich jedoch an folgender Gliederung orientieren:

Einleitung: Begrüßung, Titel und Thema, Ziel; Einstieg mit Wortwitz, Beispiel, Anekdote etc.; Überleitung zum Hauptteil/Redekern:

Hauptteil: Fakten; Berichte; Meinungen; Argumente; Schlussfolgerung

- Spalten Sie das Thema in Teilziele.
- Bauen Sie Stufen bzw. Stationen auf.
- Problematisieren Sie (d. h. „entwickeln“ Sie Ihren Gedankengang).
- Zeigen Sie Konsequenzen auf.
- Weisen Sie auf Alternativen hin.
- Ziehen Sie Schlussfolgerungen aus den einzelnen Erkenntnisstufen.

Schluss: Zusammenfassung, Perspektive, Dank, **Handlungsauftrag, Appell** (auch: Forderungen stellen!)

Bei dieser Textsorte führt insbesondere eine Unterschreitung des vorgegebenen Umfangs zu einer Abwertung.

Aufgabe: Verfassen Sie einen Kommentar.

Situation

Die Zeitschrift *Aus Politik und Zeitgeschichte*, die auch als Unterrichtsbehelf im Fach Politische Bildung verwendet wird, lädt Maturant/innen ein, zum Thema „Die Zukunft der Europäischen Union“ Beiträge einzusenden. Sie möchten sich beteiligen.

Arbeitsanweisung

Lesen Sie zunächst den Essay von Karl-Markus Gauß.
Verfassen Sie anschließend einen Kommentar mit einem passenden Titel und bearbeiten Sie dabei folgende Arbeitsaufträge:

- Klären Sie die Haltung des Autors gegenüber einer vereinten europäischen Nation.
- Kommentieren Sie im Text angesprochene Kritikpunkte.
- Beurteilen Sie die Möglich- und Wahrscheinlichkeit, dass sich die bestehende EU zu einer „großen Nation der Europäer“ entwickelt.
- Beschreiben Sie abschließend Ihre Vorstellungen eines zukünftigen vereinten Europas.

Wortanzahl: 540–660

Textbeilage

Europa und die Nationen

Von Karl-Markus Gauß

Wie groß ist Europa? Schwer zu sagen. Da eine ganze Reihe von Staaten nach Europa zurückkehrten oder heimgeholt wurden, wächst der Kontinent; zugleich aber schrumpft er dramatisch auf seinen ökonomisch-politischen Kern, auf die großen Wirtschaftsmächte und Staaten, die selbst wiederum, wie das vereinigte Deutschland, in einem eigenartig widersprüchlichen Prozess an äußerer Größe zunehmen und innerer Vielfalt verlieren, also zugleich reicher werden und verarmen.

Da wurde 1990 erstmals ein „Europa-Preis für Kinder- und Jugendliteratur" ausgeschrieben und gleich mit einer hohen Dotierung ausgestattet, wie das bei einem symbolischen Akt auch angebracht ist, der mit dem Glanz der Kultur und Völkerverständigung beglaubigen soll, dass es neuerdings gibt, was es über die blutigen Jahrhunderte, da sich die europäischen Herren mitsamt ihren Völkern gegenseitig auszurotten trachteten, nicht hatte geben können: ein gesamteuropäisches Bewusstsein, die klare Einsicht, das tiefe Gefühl von Europäern, zusammenzugehören und erst in dieser Zusammengehörigkeit das Ganze zu bilden. Wer sich irgendwo aus Europa um diesen Preis bewerben wollte, der durfte, um den Satzungen der Stiftung zu entsprechen, einzig eines nicht vergessen: Die Bücher und Manuskripte, mit denen einer beim „Europa-Preis" sein Glück versuchen mochte, durften in französischer, englischer, deutscher oder italienischer Sprache eingereicht werden. So viele Sprachen kennt das neue Europa. [...]

Ja, Europa wächst eben und wird doch kleiner, immer mehr Völker vereint es und am Ende bleiben trotzdem nur mehr ein paar davon übrig. Die großen Kultursprachen wird bald jedes Kind in der Volksschule lernen müssen, die vielen anderen Sprachen des Kontinents verfallen rapide ins Ansehen regionaler Dialekte. Je mehr Völker dieses Europa zusammenschließt, um so dramatischer schrumpft es mit deren Würde der Unterscheidung auch selber zusammen. Während sein innerer Markt gigantisch aufgebaut und sein äußerer Festungswall gegen den Ansturm des Elends aus aller Welt elektronisch ausgebaut wird, wird eines ganz entschieden abgebaut: die Illusion, es würde jene den ganzen Kontinent umspannende Kommerzialisierung, die nach einem Europa ohne Grenzen verlangt und daher das vereinte Europa hervorbringt, nicht gerade das vollständig zerfressen, was scheinheilig immer noch als die reiche Vielfalt der europäischen Kulturen beschworen zu werden pflegt. [...]

Auch wenn für viele EU-Bürger die Stadt Brüssel zu einem Synonym für die Europäische Union geworden ist, befindet sich der Hauptsitz des Europäischen Parlaments in Straßburg. Dort finden Plenarsitzungen statt. Ausschüsse und Fraktionen des Parlaments tagen jedoch an dessen Zweitsitz in Brüssel, wo auch weitere Plenarsitzungen abgehalten werden. Seit seiner Gründung haben sich die Kompetenzen des Parlaments stark erweitert. Trotzdem ist die Beteiligung an den alle fünf Jahre stattfindenden Europawahlen gering.

So viel Unheil ist mit Nationalismus und Nationalstaaten verbunden, dass es nur vernünftig scheint, wenn manche Propagandisten des neuen Europa die Nationen als überholte historische Formationen abtun, deren Ende gekommen ist und nicht betrauert zu werden braucht. Die Sünden des Nationalismus werden so der Nation, der geschichtlichen Identität „Nation“ selber überantwortet. Wo Zollgrenzen fallen müssen, auf dass der Warenverkehr sich frei entfalte, sollen auch die nationalen Unterschiede zwischen den Völkern fallen, damit sich ähnlich grenzenlos wie die Waren auch Toleranz und Brüderlichkeit über den Kontinent ausbreiten könnten. An die Stelle der vielen europäischen Nationen, die sich in borniertem Dünkel verachteten und bekriegten, sollte die eine große Nation der Europäer, die vereinte „europäische Nation“ treten.

Quelle: Karl-Markus Gauß, Europa und die Nationen. Aus: Die Vernichtung Mitteleuropas. Essays. Klagenfurt: Wieser 1991, 50 f.

Anmerkung zum Autor:
Karl-Markus Gauß (*1954) ist freiberuflicher Journalist; ab 1991 Herausgeber der Zeitschrift „Literatur und Kritik“: 1995 Österreichischer Staatspreis, 1998 Europäischer Essaypreis.

Mögliche Vorgehensweise

1. Phase **Klären Sie die Anforderungen der Aufgabenstellung.**

Lesen Sie zunächst genau die Aufgabenstellung. Stellen Sie sich dazu folgende Fragen und beantworten Sie sie in Stichworten auf einem Notizzettel:

- In welcher **Rolle/Funktion** schreibe ich?
- Für wen schreibe ich? Wer sind meine **Adressaten**?
- Welche Kriterien erfüllt die **Textsorte „Kommentar"**?
- Welche **Schwerpunkte** soll mein Kommentar beinhalten?
- Was genau verlangen die **Operatoren**?

2. Phase **Erschließen Sie den Text.**

Lesen Sie den Text „Europa und die Nationen" genau und analysieren Sie ihn anschließend:

1 Klären Sie zuerst unklare Formulierungen und Begriffe (mithilfe eines Wörterbuchs).
2 Markieren Sie sprachliche Auffälligkeiten farbig und bringen Sie am Rand stichwortartige Notizen an.
3 Erfassen Sie die Problemstellung des Textes und formulieren Sie sie auf einem Notizblatt.

3. Phase **Kehren Sie zur Aufgabenstellung zurück.**

Fertigen Sie zunächst Notizen zu Arbeitsauftrag 2 an: Schreiben Sie die Kritikpunkte des Autors und sich daraus ergebende mögliche Fragestellungen auf, welche Ihnen später als Grundlage für Ihren Kommentar dienen. Fahren Sie anschließend mit den Notizen zu den Arbeitsaufträgen 3 und 4 fort.

4. Phase **Erstellen Sie eine Gliederung nach den wesentlichen Kriterien des Kommentars und folgen Sie dabei den Schwerpunkten der Aufgabenstellung.**

5. Phase **Verfassen Sie einen Kommentar und überlegen Sie sich im Anschluss daran einen passenden Titel.**

Schritt für Schritt zur Lösung

Klären Sie die Anforderungen der Aufgabenstellung. **1. Phase**

- *In welcher Rolle/Funktion schreibe ich? Für wen schreibe ich? Wer sind meine Adressaten?*
  Ich bin Schüler/Schülerin, daher schreibe ich aus Schüler/innensicht. Meine Absicht ist es einerseits, den vorliegenden Text zu erklären, andererseits seine Aussagen aus meiner Perspektive (jugendlicher Europäer/jugendliche Europäerin) in einer verständlichen und gut durchdachten Weise zu kommentieren.
- *Welche Kriterien erfüllt die Textsorte „Kommentar"?*
  Die Kriterien kann ich auch auf Seite 17 nachlesen, ich sollte mich im Wesentlichen danach richten. (Genaueres siehe auch 4. Phase)

Grundfunktionen eines Kommentars

a **Hintergrundinformation über einen Sachverhalt** zur Verfügung stellen, der gesellschaftlich interessant und wichtig (relevant) ist und der entweder als Fragestellung vorliegt oder – wie hier – in einem Inputtext behandelt wird.

b Eine **persönliche Sichtweise** zum Sachverhalt (eigene Meinung) bieten, die **argumentativ begründet** wird und sich rhetorischer und eventuell auch metaphorischer Sprache bedient.

c Über den Text hinausweisend **eigene Lösungsmodelle** oder -vorstellungen beschreiben oder bestimmte Lösungen/Änderungen/Vorgehensweisen **appellativ** verlangen.

- *Welche Schwerpunkte soll mein Kommentar beinhalten?*
  Diese richten sich nach den Unterpunkten der Aufgabenstellung (2. Phase).
- *Was genau verlangen die Operatoren?*
  a **„Klären Sie** …": Sie müssen etwas klarmachen, erklären, beleuchten und mithilfe von Textbezügen belegen.
  b **„Kommentieren Sie** …": Hier sollen Sie persönliche Betrachtungen argumentierend zu einzelnen Aussagen des Inputtextes (Aufgabenstellung) in präziser, möglicherweise pointierter Weise formulieren. „Kommentieren" bedeutet auch, Hintergrundinformationen darzustellen, die einem persönlich im Zusammenhang sehr wichtig erscheinen.
  c **„Beurteilen Sie** …": Dieser Operator schließt eine Wertung mit ein, er verlangt die persönliche Einschätzung eines Sachverhaltes.

d „**Beschreiben Sie** …“: Sie sollen hier etwas veranschaulichen, Einzelheiten so darlegen, dass sich der Lesende eine möglichst genaue Vorstellung davon machen kann.

2. Phase **Erschließen Sie den Text.**

1 Mögliche unklare Formulierungen und Begriffe:

dramatisch (Z. 3)	*hier*: deutlich, drastisch, besorgniserregend
ökonomisch-politisch (Z. 3)	wirtschaftlich-politisch
Dotierung (Z. 9)	Geldsumme, finanzielle Zuwendung
symbolisch (Z. 10)	sinnbildlich, in übertragener Bedeutung
rapide (Z. 25)	schnell, rasant
Illusion (Z. 30)	Trugbild, (Selbst-)Täuschung
kommerziell **Kommerzialisierung (Z. 31)**	geschäftlich, gewinnorientiert, profitorientiert Vorrang von Profitstreben vor anderen Interessen
Nationalismus (Z. 35)	übersteigertes Nationalbewusstsein, das den Wert der eigenen Nation stark überhöht und gleichzeitig den anderer Nationen herabsetzt
Propaganda **Propagandist (Z. 36)**	gezielte Verbreitung von politischen Ideen und Weltanschauungen mit der Absicht der Stimmungsmache bzw. Manipulation von Meinungen eine Person, die systematisch eine bestimmte politische oder weltanschauliche Meinung verbreitet, um andere zu manipulieren
Nation (Z. 37)	eine Gemeinschaft von Menschen mit gemeinsamer sprachlicher und kultureller Herkunft; oft auch mit „Staat“ oder „Volk“ gleichgesetzt
national (Z. 41)	die „Nation“ (siehe oben) betreffend
Toleranz (Z. 42)	Rücksicht, Verständnis, Nachsicht gegenüber anderen Lebensweisen, Ansichten etc.
borniert (Z. 44)	engstirnig, beschränkt, intolerant
Dünkel (Z. 44)	Überheblichkeit, Hochmut, Einbildung

2 Sprachliche Auffälligkeiten und Notizen:

Beispiel einer Textbearbeitung:

Wie groß ist Europa? Schwer zu sagen. Da eine ganze Reihe von Staaten nach Europa zurückkehrten oder heimgeholt wurden, wächst der Kontinent; zugleich aber schrumpft er dramatisch auf seinen ökonomisch-politischen Kern, auf die großen Wirtschaftsmächte und Staaten, die selbst wiederum, wie das vereinigte Deutschland, in einem eigenartig widersprüchlichen Prozess an äußerer Größe zunehmen und innerer Vielfalt verlieren, also zugleich reicher werden und verarmen.

Da wurde 1990 erstmals ein „Europa-Preis für Kinder- und Jugendliteratur" ausgeschrieben und gleich mit einer hohen Dotierung ausgestattet, wie das bei einem symbolischen Akt auch angebracht ist, der mit dem Glanz der Kultur und Völkerverständigung beglaubigen soll, dass es neuerdings gibt, was es über die blutigen Jahrhunderte, da sich die europäischen Herren mitsamt ihren Völkern gegenseitig auszurotten trachteten, nicht hatte geben können: ein gesamteuropäisches Bewusstsein, die klare Einsicht, das tiefe Gefühl von Europäern, zusammenzugehören und erst in dieser Zusammengehörigkeit das Ganze zu bilden. Wer sich irgendwo aus Europa um diesen Preis bewerben wollte, der durfte, um den Satzungen der Stiftung zu entsprechen, einzig eines nicht vergessen: Die Bücher und Manuskripte, mit denen einer beim „Europa-Preis" sein Glück versuchen mochte, durften in französischer, englischer, deutscher oder italienischer Sprache eingereicht werden. So viele Sprachen kennt das neue Europa. […]

Ja, Europa wächst eben und wird doch kleiner, immer mehr Völker vereint es und am Ende bleiben trotzdem nur mehr ein paar davon übrig. Die großen Kultursprachen wird

NOTIZEN

Europa: räumliche Vergrößerung und Reduktion auf politisch-wirtschaftliche Machtzentren

Vielfalt geht verloren
Staaten werden materiell reicher, aber trotzdem an Vielfalt „ärmer‘

Beispiel für diese These: Europa-Preis für Kinder- und Jugendliteratur

Preis soll die Existenz eines (nicht existierenden) gesamteuropäischen Bewusstseins beweisen, deshalb auch die hohe Dotierung

kritische Sicht des Autors auf den Versuch, ein europäisches Zusammengehörigkeitsgefühl zu schaffen bzw. vorauszusetzen (vgl. blutige Geschichte Europas)

ironische Formulierung: lächerliche Beschränkung der Bewerbung auf nur vier Sprachen → ein reduziertes „neues Europa“

bedauernde Schlussfolgerung als Beweis: Vereinheitlichung infolge des Wachstums

bald jedes Kind in der Volksschule lernen müssen, die vielen anderen Sprachen des Kontinents verfallen rapide ins Ansehen regionaler Dialekte. Je mehr Völker dieses Europa zusammenschließt, umso dramatischer schrumpft es mit deren Würde der Unterscheidung auch selber zusammen. Während sein innerer Markt gigantisch aufgebaut und sein äußerer Festungswall gegen den Ansturm des Elends aus aller Welt elektronisch ausgebaut wird, wird eines ganz entschieden abgebaut: die Illusion, es würde jene den ganzen Kontinent umspannende Kommerzialisierung, die nach einem Europa ohne Grenzen verlangt und daher das vereinte Europa hervorbringt, nicht gerade das vollständig zerfressen, was scheinheilig immer noch als die reiche Vielfalt der europäischen Kulturen beschworen zu werden pflegt. [...]

Widerspruch: Das vereinte Europa rühmt sich für seine Vielfalt an Kulturen, zerstört diese aber selbst.

unvereinbar: Gewinnstreben und Individualität der einzelnen Völker

So viel Unheil ist mit Nationalismus und Nationalstaaten verbunden, dass es nur vernünftig scheint, wenn manche Propagandisten des neuen Europa die Nationen als überholte historische Formationen abtun, deren Ende gekommen ist und nicht betrauert zu werden braucht. Die Sünden des Nationalismus werden so der Nation, der geschichtlichen Identität „Nation" selber überantwortet. Wo Zollgrenzen fallen müssen, auf dass der Warenverkehr sich frei entfalte, sollen auch die nationalen Unterschiede zwischen den Völkern fallen, damit sich ähnlich grenzenlos wie die Waren auch Toleranz und Brüderlichkeit über den Kontinent ausbreiten könnten. An die Stelle der vielen europäischen Nationen, die sich in borniertem Dünkel verachteten und bekriegten, sollte die eine große Nation der Europäer, die vereinte „europäische Nation" treten.

scheinbar positiver Schritt: Aufhebung der Nationen (und damit der negativen Folgen des Nationalismus) → aber: Autor erklärt die fragwürdige Logik eines solchen Vorgehens

ironischer Vergleich: Werte wie Toleranz und Brüderlichkeit nicht wie Waren verkäuflich

Möglichkeitsform → unrealistische Idee?

Karl-Markus Gauß, Europa und die Nationen. Aus: Die Vernichtung Mitteleuropas. Essays. Klagenfurt: Wieser 1991, 50 f.

3 Problemstellung des Textes:
Der Text beschäftigt sich kritisch mit der allmählich geringer werdenden kulturellen Vielfalt der in die EU eingegliederten Staaten und ihren Völkern in Anbetracht einer mächtigen Wirtschaft, die Individualität und kulturelle Eigenständigkeit als Opfer fordert. Die Problematik liegt in der Scheinheiligkeit und dem Vertuschen dieser Realität. Darüber hinaus drückt der Text Zweifel daran aus, dass eine „europäische Nation" unkompliziert verwirklicht werden kann.

Kehren Sie zur Aufgabenstellung zurück. **3. Phase**

Notizen zu Arbeitsauftrag 2
Kritikpunkte des Autors und sich daraus ergebende mögliche Fragestellungen als Grundlage für den Kommentar:

- *Kritikpunkt:* Die EU will durch den „Europa-Preis für Kinder- und Jugendliteratur" (Z. 8 f.) glauben machen, dass es ein „gesamteuropäisches Bewusstsein" (Z. 14), also ein Zusammengehörigkeitsgefühl von Europäern, gäbe. Gleichzeitig können jedoch Beiträge in nur vier (!) Sprachen eingereicht werden.

  → Wie ist es wirklich um die „kulturelle Vielfalt" in der EU bestellt?
  → Wer ist für den möglichen Verlust von (Sprachen-)Vielfalt verantwortlich?

- *Kritikpunkt:* Eine seltsame Diskrepanz: Einerseits nimmt die EU immer mehr Staaten (Völker) auf, andererseits wird die Union in Bezug auf die Vielfalt der Kulturen immer kleiner. Denn die einzelnen Nationen gleichen sich einander aufgrund der zunehmenden Kommerzialisierung, die den gesamten Kontinent umspannt (vgl. Z. 31), an. Anders ausgedrückt: Durch die Gesetze der Wirtschaft werden zum Beispiel große Handelsketten gefördert und kleine Betriebe gehen verloren, die kulturell und traditionell in den Ursprungsstaaten verwurzelt sind.

  → Welche Bereiche könnte ein Kulturverlust betreffen?
  → Ist die Frage nach dem drohenden Kulturverlust für EU-Bürger/innen überhaupt relevant? Welches könnten dringendere Probleme oder Kritikpunkte an der Europäischen Union sein?

- *Kritikpunkt (und Übergang zu Arbeitsauftrag 3):* „Propagandisten des neuen Europa“ (Z. 36) betrachten die Nationen selbst als überflüssig, denn sie lasten diesen die „Sünden des Nationalismus“ (Z. 38 f.) an.

  → Was bedeutet „Identität“ für eine Nation?
  → Kann es einen „Staat“ Europa ohne „Nationen“ geben?
  → Geht Nationalgefühl immer mit Nationalismus einher?

- *Kritikpunkt:* Die nationalen Unterschiede zwischen den Völkern sollen fallen (Z. 40 f.), damit sich „wie die Waren auch Toleranz und Brüderlichkeit über den Kontinent ausbreiten könnten“ (Z. 42 f.).

  → Ist dies dadurch möglich?

Notizen zu Arbeitsauftrag 3
„Beurteilen Sie die Möglich- und Wahrscheinlichkeit, dass sich die bestehende EU zu einer ‚großen Nation der Europäer‘ entwickelt.“

Gering – zum jetzigen Zeitpunkt; die Wunden und Vorurteile durch die Vergangenheit sind noch zu frisch; die Bevölkerung hat teilweise eine negative Einstellung gegenüber der Bürokatie und den als Einmischung empfundenen europäischen Reglements; ein großes Problem sind die Hilfszahlungen an verschuldete Staaten. Die Frage der Verantwortung ist nicht gelöst.

Notizen zu Arbeitsauftrag 4
„Beschreiben Sie abschließend Ihre Vorstellungen eines zukünftigen vereinten Europas.“

Die Idee einer europäischen Res Publica würde die Etablierung einer gesamteuropäischen Demokratie fordern und das Ende der bis jetzt bestehenden souveränen Nationalstaaten. Doch: Dieser Gedanke ist eine Utopie. Es besteht die Gefahr, dass Europa im Zwiespalt zwischen nationalen Interessen und gesamteuropäischen Ansprüchen zerbrechen wird.

Erstellen Sie eine Gliederung nach den wesentlichen Kriterien des Kommentars und folgen Sie dabei den Schwerpunkten der Aufgabenstellung. 4. Phase

Einleitung

Einstieg in einer Art und Weise, die beim Leser Interesse weckt; oftmals Zitat oder rhetorische Frage als Mittel der Überleitung zum Hauptteil.

Hauptteil

Darlegung der Position des Essayisten
Beurteilung bzw. eigene Argumentation

- Begriffserklärung: kulturelle Vielfalt
- Identität und Nationalbewusstsein
- Einmischung der EU → Skepsis
- Selbstbestimmung in wirtschaftlichen Belangen
- die große Nation der Europäer – eine Utopie

Schluss

Zukunft für junge Leute in der EU: Konkurrenz in den Bereichen Bildung und Arbeit kein guter Nährboden für EU-demokratische Werte; Sicherheit als Grundbedürfnis.

Verfassen Sie einen Kommentar und überlegen Sie sich im Anschluss daran einen passenden Titel. 5. Phase

Lösungsvorschlag

Die Europäische Union – von schwindender Vielfalt und der Utopie vom Staate Europa

Einleitung: Worum geht es? Rhetorische Frage als Einstieg

Freude schöner Götterfunken! Doch ach! Der Funken ist zerstoben, Zweifel sind entstanden und verbreiten sich wie eine gefährliche Krankheit. Ist die Europäische Union ein gieriger Zyklop, der, sein Gesichtsfeld eingeschränkt, von Brüssel aus Verordnungen an seine un- und eigenwillig agierenden Untertanen erlassend, deren Individualität und die Vielfalt ihrer Kultur zerstört?

Hauptteil: kurze Zusammenfassung der Haltung des Autors des Ausgangstextes

Karl Markus Gauß bejaht diese Frage in seinem Essay „Europa und die Nationen“. Ein Europa-Preis für Kinder- und Jugendliteratur, der nur *vier* Sprachen zulässt, sei ein Zeichen von Abgehobenheit der großen europäischen Machtzentren, die im Zeichen des glänzenden Mammon agieren. Ja, hier kann Geld verteilt werden, laut Gauß unter dem Deckmantel eines nun angeblich entstandenen europäischen Zusammengehörigkeitsgefühls. Der Autor beklagt das Bestreben, Nationen und ihre Unterschiede aufzuheben, ein Bestreben, hinter dem nicht – so wie es uns verkauft wird – der Wunsch steht, endlich einmal die Ideale der Aufklärung, d. h. Toleranz und Brüderlichkeit, zu verbreiten, sondern Gewinnsucht und eine alles verschlingende Handelswut. Deren Folge sei kulturelle Gleichmacherei: der standardisierte, demokratische Europäer, der noch ein bisschen in seiner Heimattracht Volkstänze tanzen darf – und ansonsten brav europäische Waren konsumiert. Führt also diese Kommerzialisierung zum Verlust der Vielfalt?

Definition von „kultureller Vielfalt“

Worauf genau bezieht sich der Begriff „kulturelle Vielfalt“? Die große Palette schließt Kulinarisches genauso ein wie Sprache, Musik, Tanz, Literatur, die bildende Kunst, Architektur und nicht zuletzt Vereins- und Traditionswesen. All diese Bereiche spiegeln Besonderheiten eines Volkes und stiften Identität unter den Menschen, die sie gemeinsam pflegen. Was sich daraus ableitet, ist das als gefährlich geltende Nationalbewusstsein – gefährlich in Anbetracht der Geschichte. Dennoch: Die Menschen Tirols zum Beispiel wollen sich diesen Stolz auf Heimat nicht nehmen lassen und reagieren empfindlich auf Einmischungen von außen. Diese „Einmischungen“ betreffen aber eher Wirtschaftliches als Kulturelles. Österreichs Trachten und Märsche sind der EU egal, nicht jedoch Architekturausschreibungen oder das Bankgeheimnis. Das heißt: Der Verlust kultureller Vielfalt beschränkt sich am ehesten noch auf Änderungen in Essgewohnheiten der Bevölkerung, die vielleicht manchmal eher Tiefkühlpizza aus dem Supermarkt auftischt statt Tiroler Knödel. Ein Verhalten, für das man nun wirklich nicht die Institutionen der EU verantwortlich machen kann.

Aspekt der Identität

Aspekt des Nationalbewusstseins

Beispiel: Widerstand gegen Einmischung in Tirol

Relativierung des Verlusts kultureller Vielfalt

Rückbezug auf Ausgangstext: Sprachenvielfalt

Ob nun die Sprachen der wirtschaftlich schwächeren Mitgliedsstaaten in der Bedeutungslosigkeit versinken, liegt ebenfalls nicht nur am schwerfälligen Zyklopenhaupt. Werden die Sprachen weiterhin gesprochen, werden sie weiterhin leben. Der Erhalt der kulturellen Vielfalt liegt auch am Willen der Menschen selbst, diese bewusst zu erhalten und zu pflegen!

mögliche Sorgen der EU-Bürger

Zusammenfassend gilt, um es mit Brechts abgewandelten Worten zu sagen: Will von der EU leben, wird ihr wohl müssen auch was geben. Die Frage ist nur: Wie viel und was genau? Geld zur Rettung der Banken, Geld zum Aufspannen des Rettungsschirms, das Recht, einheimisches Wasser zu verkaufen?

Selbstbestimmung in wirtschaftlichen Belangen

Es ist das Selbstbestimmungsrecht, das angestammte Rechte einer Nation sicherstellt, das in Gefahr zu sein scheint und die Skepsis der EU-Bürger wachsen lässt. Der von Gauß heraufbeschworene Kulturschwund steht angesichts dieser wirtschaftlichen Belange eher im Hintergrund.

Die EU als große Nation der Europäer?

Dass also die einzelnen Nationen in der „großen Nation der Europäer“ aufgehen wie das berühmte Samenkorn im Feld, ist offenbar noch eine Utopie. Die Schaffung einer europäischen Res Publica unter der Voraussetzung der Abschaffung der nationalen Regierungen erscheint dem Realisten, mag er auch noch so europafreundlich gesinnt sein, zweifelhaft. Und so, da es in der EU in Wahrheit nur den Konsens gibt, der in den Begriffen der EU-Förderungen und dem freien Warenaustausch verankert ist, wackelt das Fundament.

Schluss:

Ausblick: Vorstellungen für die Zukunft

Wie soll es also in Zukunft sein? Die Befürchtung ist, dass sich die jungen Menschen Europas nicht über einen Kamm scheren lassen wollen. Studienplätze werden rarer, Arbeitsplätze ebenso. Die Konkurrenz durch den freien Menschenaustausch wird härter. Dies wird möglicherweise nicht zur Verbreitung von Brüderlichkeit und Toleranz beitragen. Das heißt: Es wird unumgänglich sein, angestammte Rechte der Bevölkerung zu wahren.

Ein Europa der Vielfalt, Brüderlichkeit und Toleranz kann sich letztlich nur aus Nationen entfalten, in welchen eben diese Werte im Vertrauen auf soziale Sicherheit gepflegt werden.

Aufgabe: Verfassen Sie einen Leserbrief.

Situation

Auf einer Internetseite des Europäischen Parlaments finden Sie Informationen zur Jugendarbeitslosigkeit in Europa. Als Jugendliche/r der Europäischen Union fühlen Sie sich von der angesprochenen Thematik betroffen und schreiben einen Leserbrief an *youthletter@europarl. europa.eu.*

Arbeitsanweisung

Lesen Sie die Textvorlage „EU-Sozialfonds: Kampf gegen die Jugendarbeitslosigkeit" und studieren Sie die zwei Teile der Infografik.

Schreiben Sie nun den Leserbrief und bearbeiten Sie dabei folgende Arbeitsaufträge:

- Beschreiben Sie anhand der Grafiken die Situation Jugendlicher am europäischen Arbeitsmarkt.
- Nehmen Sie zu der geplanten Initiative persönlich Stellung.
- Beurteilen Sie die Wichtigkeit der Bekämpfung der Jugendarbeitslosigkeit in Europa.

Wortanzahl: 270–330

Textbeilage

EU-Sozialfonds: Kampf gegen die Jugendarbeitslosigkeit

Jugendliche demonstrieren gegen die hohe Jugendarbeitslosigkeit in Europa und fordern die Politik zum Handeln auf.

Einer von vier Jugendlichen in der EU ist arbeitslos, in manchen Ländern sind sogar zwei von drei jungen Menschen betroffen. Die EU-Abgeordneten wollen daher den Europäischen Sozialfonds stärker auf den Kampf gegen Jugendarbeitslosigkeit ausrichten. Vor Beginn der Haushaltsperiode 2014–2020 stimmte der Sozialausschuss des Europaparlaments am Dienstag für eine Initiative für mehr Beschäftigung für junge Menschen.

Mit ihren Änderungsanträgen konzentrieren die EU-Abgeordneten die sogenannte Jugendbeschäftigungsinitiative auf junge Menschen zwischen 15 und 30 Jahren, die arbeitslos sind oder an keiner Aus- oder Weiterbildung teilnehmen. Voraussetzung ist ebenfalls, dass die Betroffenen in einer Region leben, in der die Jugendarbeitslosigkeit über 20 % liegt.

Mit der Initiative soll die sogenannte Jugendgarantie umgesetzt werden, die jungen Arbeitslosen spätestens nach vier Monaten einen Arbeits- oder Ausbildungsplatz verspricht.

Was ist der Europäische Sozialfonds?

Der Europäische Sozialfonds wird von der Europäischen Union finanziert und soll Vollbeschäftigung fördern und helfen, Arbeit produktiver und wertvoller zu machen. Gefördert werden auch die Mobilität von Arbeitern innerhalb der EU sowie Aus- und Weiterbildungsmaßnahmen.

Mehr Informationen zur Jugendarbeitslosigkeit in unserer Infografik.

Infografik: Jugendarbeitslosigkeit in Europa

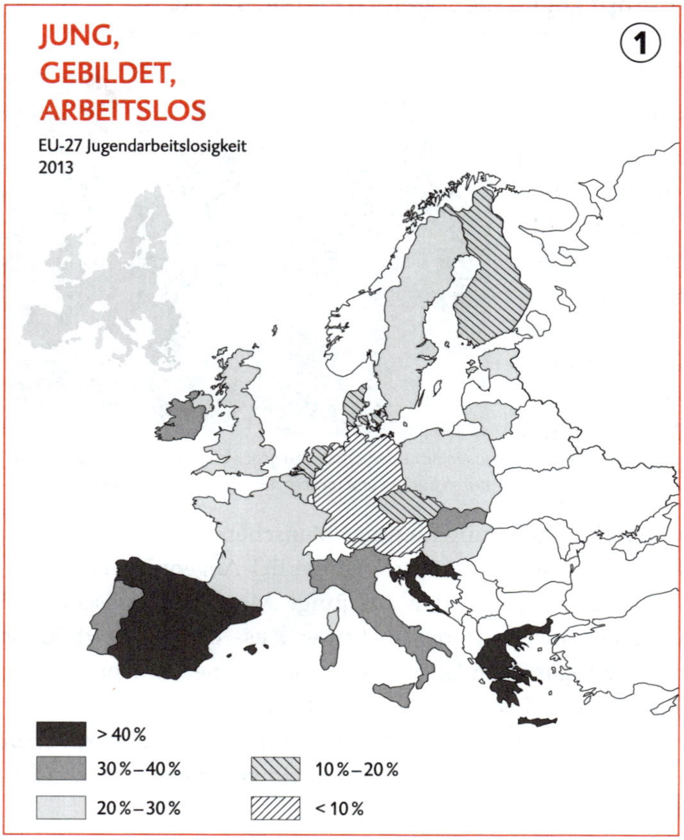

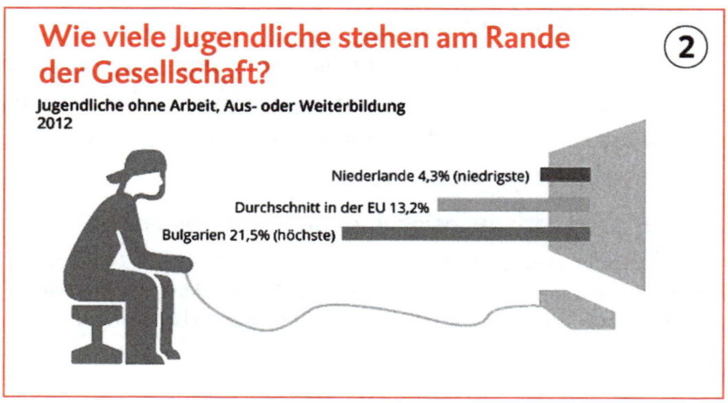

Datenquellen: Eurostat, Europäische Kommission

Mögliche Vorgehensweise

Klären Sie die Anforderungen der Aufgabenstellung. 1. Phase

Lesen Sie zunächst genau die Aufgabenstellung. Stellen Sie sich dann folgende Fragen und beantworten Sie sie in Stichworten auf einem Notizzettel:

- In welcher **Rolle/Funktion** schreibe ich?
- Für wen schreibe ich? Wer sind meine **Adressaten**?
- Welche Kriterien erfüllt die **Textsorte „Leserbrief“**?
- Welche **Schwerpunkte** soll mein Leserbrief beinhalten?
- Was genau verlangen die **Operatoren**? Was muss ich tun?

Erschließen Sie das Material. 2. Phase

Lesen und betrachten Sie alle Teile des Ausgangsmaterials „EU-Sozialfonds: Kampf gegen die Jugendarbeitslosigkeit“ genau und analysieren Sie sie anschließend:

1 Unterstreichen Sie Wichtiges im Text und fertigen Sie einen Stichwortzettel mit den wesentlichen Informationen an.
Hinweis: Diese Tätigkeit wird nicht explizit verlangt, empfiehlt sich aber dennoch, da die Kenntnis des Textmaterials für das Schreiben des Leserbriefs unbedingt nötig ist, vor allem im Zuge der Bearbeitung des 2. und 3. Arbeitsauftrags.

2 Betrachten Sie die Grafiken genau und erfassen Sie ihre Aussagen. Halten Sie Ihre Ergebnisse auf einem Notizzettel fest.

Erstellen Sie eine Gliederung nach wesentlichen Kriterien des Leserbriefs und folgen Sie dabei den Schwerpunkten der Aufgabenstellung. 3. Phase

Verfassen Sie einen Leserbrief. 4. Phase

Schritt für Schritt zur Lösung

1. Phase **Klären Sie die Anforderungen der Aufgabenstellung.**

- *In welcher Rolle/Funktion schreibe ich? Für wen schreibe ich? Wer sind meine Adressaten?*
  Ich schreibe aus der Perspektive eines Maturanten/einer Maturantin. Ich möchte auf der angeführten Internetplattform meine Ansicht zu diesem wichtigen Thema kundtun und zwar sowohl für Jugendliche als auch Erwachsene. Dies ist insofern wichtig, als der Newsletter von Mitarbeitern des Europaparlaments betreut wird und diese ja grundsätzlich an der Meinung ihrer jungen, zum Teil bereits wahlberechtigten EU-Bürger interessiert sein müssen.
- *Welche Kriterien erfüllt die Textsorte „Leserbrief"?*
  Die Kriterien kann ich auf Seite 15 nachlesen, ich sollte mich im Wesentlichen danach richten.

Grundfunktion eines Leserbriefs

Die Darlegung einer **Meinung** muss klar ausformuliert und nachvollziehbar **begründet** sein. Dabei wird auf einen zugrundeliegenden Text oder anderes Informationsmaterial Bezug genommen. Der Leserbrief schließt üblicherweise mit einem **Appell** an die Leser/innen oder einer **Schlussfolgerung**, die nochmals die dargelegte Meinung präzise und kurz zusammenfasst.

- *Welche Schwerpunkte soll mein Leserbrief beinhalten?*
  Diese richten sich nach den Unterpunkten der Aufgabenstellung.
- *Was genau verlangen die Operatoren?*
  a „**Beschreiben Sie** …": Sie müssen erstens die Grafiken verstehen und zweitens die wesentlichen Aussagen verbalisieren, das heißt, in verständliche Worte fassen. (siehe auch: Phase 2.2)
  Hinweis: Es besteht hier die Gefahr, zu sehr ins Detail zu gehen. Dies könnte auf Kosten des Argumentationsteiles gehen und muss vermieden werden.
  b „**Nehmen Sie** … **Stellung**": Dieser Operator verlangt von Ihnen, dazu Ihre Meinung zu äußern und diese zu begründen. In unserem Fall: Ist die Initiative sinnvoll? Ja, weil … Nein, weil …
  c „**Beurteilen Sie** …": Der Operator fordert eine fundierte Einschätzung einer Sachlage und schließt eine Wertung mit ein. Dieser Operator folgt *hier* unmittelbar der Stellungnahme und festigt diese im Sinne von „Ja, weil …".

Erschließen Sie das Material. **2. Phase**

1 Wesentliche Informationen aus dem Text:

- einer von vier Jugendlichen arbeitslos; in manchen Ländern zwei von drei jungen Menschen betroffen
- Kampf gegen Jugendarbeitslosigkeit; der Sozialausschuss des Europaparlaments stimmte für eine Initiative für mehr Beschäftigung für junge Menschen
- Konzentration auf junge Menschen zwischen 15 und 30 Jahren; Voraussetzungen: Region mit hoher Jugendarbeitslosigkeit und Betroffene sind arbeitslos bzw. nehmen an keiner Aus- oder Weiterbildung teil
- Initiative verspricht spätestens nach vier Monaten Arbeits- oder Ausbildungsplatz
- Finanzierung durch den Europäischen Sozialfonds

2 Aussagen der Grafiken:

Grafik 1

- Länder mit sehr hoher Jugendarbeitslosigkeit unter den Gebildeten – über 40 %: Spanien, Griechenland, Kroatien
- betroffen mit einem Drittel oder mehr: Portugal, Italien, Slowakei, Irland
- auffallend viele Jugendarbeitslose mit Ausbildung in: Frankreich, GB, Schweden, …
- geringere Zahl an gebildeten Jugendarbeitslosen in: Deutschland, Österreich, Tschechien, Finnland, Niederlande, Dänemark

Grafik 2

- Diese Grafik bildet die Situation der Jugendlichen *ohne* Arbeit, Aus- oder Weiterbildung ab – und ergänzt die erste Grafik, die Arbeitslosigkeit von Jugendlichen *mit* Schul- und Ausbildung zeigt.
- Im EU-Durchschnitt haben 13 von 100 Jugendlichen keine Ausbildung oder befinden sich nicht in weiterbildenden Institutionen.
- höchste Rate: Bulgarien

3. Phase **Erstellen Sie eine Gliederung nach wesentlichen Kriterien des Leserbriefs und folgen Sie dabei den Schwerpunkten der Aufgabenstellung.**

Einleitung

Geben Sie einen klaren **Hinweis auf das Text- bzw. Infomaterial**, auf welches Sie sich in Ihrem Leserbrief beziehen wollen. Nennen Sie gegebenenfalls Titel und Autor.

Hauptteil

- Verbalisieren Sie zunächst die **wesentlichen Aussagen der Grafiken** zu Beginn des Leserbriefs (Arbeitsauftrag 1)
- **Formulieren Sie dann die zentrale These:** *Ja* zur Initiative des EU-Parlaments (Arbeitsauftrag 2)
- **Argumentationsteil** (Arbeitsauftrag 3)
  Argument 1: Hoffnung für die Betroffenen (kein Beleg, da selbsterklärend; der Gedanke wird anschließend implizit weitergeführt)
  Argument 2: Jugendarbeitslosigkeit bedroht die Gesellschaft

  Es folgen für das 2. Argument zwei Belege mit Beispielen:
  Beleg 1: Gut-Ausgebildete wandern ab
  Beleg 2: Frustration und Depression → Gewalt

Schluss

Runden Sie Ihre Ausführungen mit einer **appellativen Schlussfolgerung** ab.

4. Phase **Verfassen Sie einen Leserbrief.**

Lösungsvorschlag

Einleitung: Bezugnahme auf das Ausgangstext- und Grafikmaterial

In den letzten Jahren ist Jugendarbeitslosigkeit zu einem der drängendsten Probleme in Europa geworden. Der Text „EU-Sozialfonds: Kampf gegen die Jugendarbeitslosigkeit" mit einer Infografik, veröffentlicht auf einer Internetseite des Europäischen Parlaments, zeigt die Situation junger Arbeitssuchender in einigen Ländern der EU. Darüber hinaus wird über angedachte Maßnahmen zur Bekämpfung der Jugendarbeitslosigkeit informiert.

Hauptteil: *Beschreibung der Situation europäischer Jugendlicher auf dem Arbeitsmarkt (Grafik 1, 2)*

Besonders betroffen sind Jobsuchende in Spanien, Griechenland und Kroatien. Hier beträgt die prekäre Rate arbeitsloser junger Menschen über 40 %. Was erschwerend dazukommt, ist, dass in diesen Ländern die Gebildeten ebenfalls die Leidtragenden sind. Aber auch in Italien, Portugal und Irland stehen immerhin ein Drittel der jungen Arbeitssuchenden mit Ausbildung auf der Straße, in hoch industrialisierten Ländern wie Großbritannien, Frankreich oder dem Vorzeigeland Schweden ist die Situation ebenfalls bedenklich. Europaweit haben die Niederlande am wenigsten junge arbeitslose Menschen ohne Aus- oder Weiterbildung, in Bulgarien ist diese Zahl mit einem Fünftel sehr hoch.

Zustimmung zur Initiative der EU
Argument 1: Motivation durch Hoffnung

Die EU plant nun eine starke Gegenoffensive mithilfe des Sozialfonds und das ist gut so. Wissen Jugendliche, dass man sie bei ihren Bemühungen garantiert unterstützen wird, wirkt das sicherlich motivierend und gibt Hoffnung. Und diese Hoffnung ist für die Betroffenen das Wichtigste.

Argument 2: Bedrohung der Gesellschaft durch Jugendarbeitslosigkeit
Beleg 1

Für die Gesellschaft stellt Jugendarbeitslosigkeit eine ernsthafte Bedrohung dar und muss schon aus diesem Grund bekämpft werden. Junge Menschen haben Zeit und Energie in ihre Schul- und Universitätsausbildung investiert und verzweifeln, wenn dies alles umsonst war. Viele Gut-Ausgebildete wandern in andere Länder ab, eine Katastrophe für den zukünftigen Entwicklungsstand des Herkunftlandes. Jugendliche aus schwierigem sozialem Umfeld, die die Schule abgebrochen haben und über gar keine Ausbildung verfügen, sind zutiefst frustriert, fühlen sich benachteiligt, leben ohne Orientierung und Ziel.

Beleg 2

Insgesamt alarmierend ist, dass diese jungen Menschen – sofern sie nicht von Eltern und Verwandten finanziell unterstützt werden – in Armut stürzen, was sowohl Depression als auch Aggression verursachen kann. Kurz: Ein soziales Pulverfass steht bereit zur Zündung. Unruhen, hervorgerufen durch arbeits- und perspektivlose Jugendliche, hat es ja bereits in einigen Ländern wie Frankreich, Großbritannien und Schweden gegeben und dies wird zunehmen, bekommt man die Jugendarbeitslosigkeit nicht in den Griff.

Schluss: *appellative Schlussfolgerung*

Also ist die Initiative des EU-Sozialausschusses unbedingt begrüßenswert!

Aufgabe: Verfassen Sie eine Meinungsrede.

Situation

In Ihrer Eigenschaft als Schülervertreter/in werden Sie nominiert, sich vor dem Schulgemeinschaftsausschuss zum Thema „Maßnahmen gegen das Schulschwänzen" zu äußern. Zur Vorbereitung Ihrer Meinungsrede stützen Sie sich auf einen Zeitungsartikel, veröffentlicht im *Online-Schülerstandard.*

Arbeitsanweisung

Lesen Sie den Zeitungsartikel „Wer gerne in die Schule geht, der geht auch hin" aus der Tageszeitung *Der Standard.*

Verfassen Sie nun die Meinungsrede und bearbeiten Sie dabei die folgenden Arbeitsaufträge:

- Stellen Sie unter Verweis auf die im Artikel dargelegten Sachverhalte mögliche Ursachen für das Schulschwänzen dar.
- Erläutern Sie, welche Maßnahmen Ihnen geeignet erscheinen, um diesem Problem nachhaltig zu begegnen.
- Fassen Sie Ihre Position in einem begründeten Appell an die Zuhörerschaft zusammen.

Wortanzahl: 540–660

Wer gerne in die Schule geht, der geht auch hin

Von Annika Althoff

Textbeilage

Die aktuelle Diskussion rund um Geldstrafen fürs Schulschwänzen wirft die Frage nach dem Warum auf – „Schulfrust“ sei der Hauptgrund, sind sich Schüler und Bildungsforscher einig.

Wien – Mit Freunden ins Café gehen, ausschlafen, im Park die Sonne genießen, oder vielleicht doch zur Schule gehen? Rund zwei Schüler pro Oberstufenklasse und damit rund 4 000 bis 5 000 Jugendliche entscheiden sich regelmäßig gegen das Klassenzimmer. In Pflichtschulen sind es circa 200 bis 300.

Zu viele, befand die Regierung. SPÖ-Bildungsministerin Claudia Schmied[1] will die Strafen nun bei einer Verletzung der Schulpflicht von derzeit 220 auf 440 Euro erhöhen. Laut Schmieds Entwurf ist das ab zehn unentschuldigten Fehltagen oder 60 unentschuldigten Fehlstunden der Fall. Zuvor sollen die Schüler mit einem Stufenplan zur Teilnahme am Unterricht bewegt werden. Dieser sieht verpflichtende Gespräche mit Schülerberatern und Schulpsychologen sowie eine Überprüfung nach vier Wochen vor.

Integrationsstaatssekretär Sebastian Kurz, der die Strafen auf 1 500 Euro erhöhen wollte, ist damit prinzipiell zufrieden. Mit den ersten Maßnahmen ist auch der 19-jährige Maximilian Eberharter einverstanden: „So können Probleme der Jugendlichen oder der Familie, die zum Schulschwänzen geführt haben, über die Schule gelöst werden.“ Strafen hält er aber nicht für sinnvoll: „Die Geldstrafen werden zwar bezahlt, aber die Jugendlichen gehen deshalb nicht unbedingt regelmäßiger in die Schule. Das zugrunde liegende Problem bleibt ungelöst.“

Für die 14-jährige Schülerin Chiara Klebl ist Schulschwänzen absolut verständlich: „Bei dem faden Unterricht, den wir immer wieder über uns ergehen lassen müssen, würden sogar Lehrer einpennen.“ Man könne diese Zeit sinnvoller verbringen, zum Beispiel draußen etwas Lustiges machen, und zum interessanten Unterricht wiederkommen, erklärt sie ihre Strategie. Maja Gätz, ebenfalls 14 Jahre alt, meint, es sei jedem selbst zu überlassen, ob er in die Schule kommt oder nicht.

Vertane Lebenschancen

„Schule schwänzen kostet Lebenschancen“, ist hingegen Horst Tschaikner überzeugt. Er ist seit wenigen Monaten neuer Schulschwänzbeauftragter des Stadtschulrats Wien. Zwischen 30 und 40 Prozent aller Schüler würden vor der Matura die Schule abbrechen. „Natürlich führt Schulschwänzen nicht zwangsläufig zu einem Schulabbruch, aber dass es einen Zusammenhang gibt, steht außer Frage“, sagt Tschaikner. Schwerpunkt seiner Arbeit ist die Entwicklung von Hilfsangeboten für Betroffene, Datensammlung und Rechtsberatung sowie die Entwicklung eines Leitfadens für die Schulen. „Es kommt darauf an, wer dem Unterricht fern bleibt“, meint Bildungsforscher Stefan Hopmann. Jemand, der schulisch gut sei und für sein Lernen nicht vom Unterricht abhänge, könne ziemlich viel Schwänzen, ohne dass das nennenswerte Folgen für die Schulleistungen hätte. „Für jemanden, für den die Schule aber der primäre Lernort ist, können sich schnell kaum mehr überbrückbare Lücken ergeben“, erklärt Hopmann. Die Gründe für das Fernbleiben seien „so vielfältig wie das Leben selbst“, darin sind sich Tschaikner und Hopmann einig. So gesehen wird man Schulschwänzen wohl nie ganz verhindern können.

„Schulfrust“ als Hauptgrund

Dennoch: „Kinder und Jugendliche haben ein Recht auf Erwachsene, die hinsehen und nicht milde lächeln“, sagt Tschaikner. Das seien in erster Linie die Eltern, aber auch die Schulpartner: Eltern, Lehrer und Schüler. Landesschulsprecher Christoph Girbinger stimmt dem zu: „Es ist oft einfach ein Verständigungsproblem. Die Situation würde sich erheblich verbessern, wenn dieses Dreiergespann funktionieren würde.“ Ob Motivforschung, Elterngespräche oder die Entwicklung eines Leitfadens, das alles können nur ergänzende Maßnahmen sein, meint Hopmann. Denn der Forschung nach scheint der häufigste Grund für das Schwänzen „Schulfrust“ zu sein. Man sieht keinen Sinn im Schulbesuch oder leidet direkt darunter. Die Schule müsse die Situation und die Bedürfnisse der Schüler ernst nehmen und nicht nur billigend oder missbilligend in Kauf nehmen. Davon sei die österreichische Obrigkeitsschule, die stur ihr Programm abspule, aber oft meilenweit entfernt. „Wer gern zur Schule geht, schwänzt auch kaum. Wer sich dort unbeachtet oder gar missachtet fühlt, bleibt früher oder später weg“, fasst Hopmann die Schulforschung zusammen. „Wenn man im Unterricht nichts lernt, bringt es auch nichts hinzugehen. Verhindern lässt sich Schwänzen also mit kompetenten und guten Lehrern“, bestätigt Isabel Gurtner (18).

Quelle: Der Standard, 27. Juni 2012; online unter http://derstandard.at/1339639127481/Wer-gerne-in-die-Schule-geht-der-geht-auch-hin

1 *Dr. Claudia Schmied:* Bildungsministerin von Anfang 2007 bis Ende 2013

Mögliche Vorgehensweise

Klären Sie die Anforderungen der Aufgabenstellung. 1. Phase

Lesen Sie zunächst genau die Aufgabenstellung. Stellen Sie sich dazu folgende Fragen und beantworten Sie sie in Stichworten auf einem Notizzettel:

- In welcher **Rolle/Funktion** spreche bzw. schreibe ich?
- Vor wem spreche ich? Wer sind meine **Adressaten**? Wie also könnten mögliche **Anredeformen** lauten?
- Was genau ist das **Thema** meiner Meinungsrede?
- Welche Kriterien erfüllt die **Textsorte „Meinungsrede“**?
- Welche **Schwerpunkte** soll meine Meinungsrede beinhalten?
- Was darf ich **keinesfalls außer Acht** lassen?

Erschließen Sie den Text. 2. Phase

Lesen Sie den Ausgangstext „Wer gerne in die Schule geht, der geht auch hin“ genau und analysieren Sie ihn.

1 Markieren Sie beim Durchlesen des Textes das Wichtigste farbig und notieren Sie am Rand strukturierende Zwischenüberschriften.

2 Erfassen Sie die Problemstellung des Textes und notieren Sie sie auf einem Notizblatt.

3 Formulieren Sie die Schlüsselfragen, um die es im Text geht, und halten Sie sie fest.

4 Schreiben Sie Ihre Meinung zu wesentlichen Fragestellungen in wenigen Sätzen auf.

Erstellen Sie eine Gliederung nach den wesentlichen Kriterien der Meinungsrede. 3. Phase

Sie haben die Kriterien für die Meinungsrede vor sich liegen (vgl. Seite 19 und 46 f.). Notieren Sie nun in Stichworten, was Sie schreiben möchten.

Verfassen Sie eine Meinungsrede. 4. Phase

Schritt für Schritt zur Lösung

1. Phase **Klären Sie die Anforderungen der Aufgabenstellung.**

- *In welcher Rolle/Funktion spreche bzw. schreibe ich?*
  Ich bin Schülervertreter/in und spreche daher aus Schülersicht. Ich drücke eine Meinung aus, die von einer Mehrheit der Schüler/innen geteilt oder zumindest verstanden werden sollte.
- *Vor wem spreche ich? Wer sind meine Adressaten? Wie also lautet eine mögliche Anrede?*
  Ich spreche vor dem Schulgemeinschaftsausschuss: Direktor/in, Lehrer/innen, Eltern und Schülerkollegen und Schülerkolleginnen. Also z. B.: *„Sehr geehrter Schulgemeinschaftsausschuss!“* oder *„Sehr geehrte Frau Direktorin/sehr geehrter Herr Direktor, liebe Elternvertreter/innen, liebe Mitschüler und Mitschülerinnen!“*
- *Was genau ist das Thema meiner Meinungsrede?*
  Was sind die Ursachen von Schulschwänzen? Sind Geldstrafen ein geeignetes Mittel, um dem Schulschwänzen Herr zu werden? Was soll dagegen unternommen werden?
- *Welche Kriterien erfüllt die Textsorte „Meinungsrede“?*
  Die Kriterien kann ich auch auf Seite 19 nachlesen, ich sollte mich im Wesentlichen danach richten.

Hauptfunktion und Kriterien einer Meinungsrede

Die Meinungsrede ist ein argumentativer, weitgehend sachlicher Text, der Zuhörer/innen (hier: Leser/innen) von der Richtigkeit einer bestimmten Meinung zu einem Thema überzeugen und zu einem bestimmten Tun bzw. einer bestimmten Haltung auffordern will (Appell).

Achten Sie auch auf die weiteren Kriterien einer Meinungsrede:

- **Adressatenorientierung:** Eine Meinungsrede richtet sich an ein bestimmtes Publikum, z. B. Menschen einer bestimmten Berufs- oder Gesellschaftsgruppe.
- **Adressaten- und situationsangemessene Sprache:** Sprechen Sie Ihr Publikum d i r e k t an und setzen Sie rhetorische Mittel bewusst ein, z. B.:
  - **Sprachbilder:** Metapher, Vergleich, Symbol, Personifikation
  - **Stilfiguren:** Antithese, Anapher, Hyperbel, rhetorische Frage, Paradoxon, Hyperbel, Parenthese

  - **Wiederholung** bzw. Wiederaufnahme von Formulierungen zur Verstärkung
  - **Wir-Formulierungen**
- **Sachliche Richtigkeit:** Was behauptet wird, muss stimmen.
- **Haltbarkeit der Argumente:** Die vorgebrachten Argumente müssen nachvollziehbar, d. h. mit Beispielen oder Faktenmaterial untermauert sein.
- **Tipps und Hinweise für einen guten Redner:** Versuchen Sie, Neugierde und Begeisterung zu wecken, und knüpfen Sie an das Vorwissen Ihres Publikums an.

- *Welche Schwerpunkte soll meine Meinungsrede beinhalten? Was darf ich keinesfalls außer Acht lassen?*
  a einige Ursachen (Bezugnahme auf den Ausgangstext)
  b geeignete (und ungeeignete) Maßnahmen
  c ein klar ausformulierter Appell an meine Zuhörer/Adressaten, der diese von meinem Standpunkt und dem sich daraus ergebenden Handlungsauftrag überzeugen soll

Erschließen Sie den Text. **2. Phase**

1 Wichtige Textaussagen und strukturierende Zwischenüberschriften:

Beispiel einer Textbearbeitung NOTIZEN

Die aktuelle Diskussion rund um Geldstrafen fürs Schulschwänzen wirft die Frage nach dem Warum auf – „Schulfrust" sei der Hauptgrund, sind sich Schüler und Bildungsforscher einig

Wien – Mit Freunden ins Café gehen, ausschlafen, im Park die Sonne genießen, oder vielleicht doch zur Schule gehen? Rund zwei Schüler pro Oberstufenklasse und damit rund 4 000 bis 5 000 Jugendliche entscheiden sich regelmäßig gegen das Klassenzimmer. In Pflichtschulen sind es circa 200 bis 300. *Zahlen und Fakten*

Zu viele, befand die Regierung. SPÖ-Bildungsministerin Claudia Schmied will die Strafen nun bei einer Verletzung der Schulpflicht von derzeit 220 auf 440 Euro erhöhen. Laut Schmieds Entwurf ist das ab zehn unentschuldigten Fehltagen oder 60 unentschuldigten Fehlstunden der Fall. Zuvor sollen die Schüler mit einem Stufenplan zur Teilnahme am Un- *Reaktion: Geldstrafen und verpflichtende Gespräche* terricht bewegt werden. Dieser sieht verpflichtende Gespräche mit Schülerberatern und Schulpsychologen sowie eine Überprüfung nach vier Wochen vor.

Beispiel: Schüler stellt Sinnhaftigkeit von Geldstrafen in Frage

Integrationsstaatssekretär Sebastian Kurz, der die Strafen auf 1 500 Euro erhöhen wollte, ist damit prinzipiell zufrieden. Mit den ersten Maßnahmen ist auch der 19-jährige Maximilian Eberharter einverstanden: „So können Probleme der Jugendlichen oder der Familie, die zum Schulschwänzen geführt haben, über die Schule gelöst werden." Strafen hält er aber nicht für sinnvoll: „Die Geldstrafen werden zwar bezahlt, aber die Jugendlichen gehen deshalb nicht unbedingt regelmäßiger in die Schule. Das zugrunde liegende Problem bleibt ungelöst."

Beispiel: Schülerin hält Schwänzen für verständlich; Verantwortung liege bei jedem selbst

Für die 14-jährige Schülerin Chiara Klebl ist Schulschwänzen absolut verständlich: „Bei dem faden Unterricht, den wir immer wieder über uns ergehen lassen müssen, würden sogar Lehrer einpennen." Man könne diese Zeit sinnvoller verbringen, zum Beispiel draußen etwas Lustiges machen, und zum interessanten Unterricht wiederkommen, erklärt sie ihre Strategie. Maja Gätz, ebenfalls 14 Jahre alt, meint, es sei jedem selbst zu überlassen, ob er in die Schule kommt oder nicht.

Vertane Lebenschancen

negative Folgen des Schwänzens

„Schule schwänzen kostet Lebenschancen", ist hingegen Horst Tschaikner überzeugt. Er ist seit wenigen Monaten neuer Schulschwänzbeauftragter des Stadtschulrats Wien. Zwischen 30 und 40 Prozent aller Schüler würden vor der Matura die Schule abbrechen. „Natürlich führt Schulschwänzen nicht zwangsläufig zu einem Schulabbruch, aber dass es einen Zusammenhang gibt, steht außer Frage", sagt Tschaikner.

Hilfsangebote; Auswirkungen von Schulschwänzen auf jeden Schüler anders

Schwerpunkt seiner Arbeit ist die Entwicklung von Hilfsangeboten für Betroffene, Datensammlung und Rechtsberatung sowie die Entwicklung eines Leitfadens für die Schulen. „Es kommt darauf an, wer dem Unterricht fern bleibt", meint Bildungsforscher Stefan Hopmann. Jemand, der schulisch gut sei und für sein Lernen nicht vom Unterricht abhänge, könne ziemlich viel Schwänzen, ohne dass das nennenswerte Folgen für die Schulleistungen hätte. „Für jemanden, für den die Schule aber der primäre

Lernort ist, können sich schnell kaum mehr überbrückbare Lücken ergeben", erklärt Hopmann.

Die Gründe für das Fernbleiben seien „so vielfältig wie das Leben selbst", darin sind sich Tschaikner und Hopmann einig. So gesehen wird man Schulschwänzen wohl nie ganz verhindern können.

„Schulfrust" als Hauptgrund

Dennoch: „Kinder und Jugendliche haben ein Recht auf Erwachsene, die hinsehen und nicht milde lächeln", sagt Tschaikner. Das seien in erster Linie die Eltern, aber auch die Schulpartner: Eltern, Lehrer und Schüler. Landesschulsprecher Christoph Girbinger stimmt dem zu: „Es ist oft einfach ein Verständigungsproblem. Die Situation würde sich erheblich verbessern, wenn dieses Dreiergespann funktionieren würde."

wichtig: funktionierendes Dreiergespann aus Eltern, Lehrern und Schülern

Ob Motivforschung, Elterngespräche oder die Entwicklung eines Leitfadens, das alles können nur ergänzende Maßnahmen sein, meint Hopmann. Denn der Forschung nach scheint der häufigste Grund für das Schwänzen „Schulfrust" zu sein. Man sieht keinen Sinn im Schulbesuch oder leidet direkt darunter. Die Schule müsse die Situation und die Bedürfnisse der Schüler ernst nehmen und nicht nur billigend oder missbilligend in Kauf nehmen.

Schulfrust als Hauptmotiv

Davon sei die österreichische Obrigkeitsschule, die stur ihr Programm abspule, aber oft meilenweit entfernt. „Wer gern zur Schule geht, schwänzt auch kaum. Wer sich dort unbeachtet oder gar missachtet fühlt, bleibt früher oder später weg", fasst Hopmann die Schulforschung zusammen. „Wenn man im Unterricht nichts lernt, bringt es auch nichts hinzugehen. Verhindern lässt sich Schwänzen also mit kompetenten und guten Lehrern", bestätigt Isabel Gurtner (18).

negative Bilanz für österreichische Schulen

Aufgabe von Lehrpersonen, Schulschwänzen einzudämmen

Quelle: Der Standard, 27. Juni 2012; online unter http://derstandard.at/1339639127481/Wer-gerne-in-die-Schule-geht-der-geht-auch-hin

2 Problemstellung des Textes:
Es geht um das gehäuft auftretende und besorgniserregende Problem, dass immer mehr Kinder und Jugendliche dem Unterricht unentschuldigt fernbleiben und dies spürbare Folgen für die späteren Lebenschancen dieser Menschen haben kann.

3 Schlüsselfragen, um die es im Text geht:
- Welche Gründe gibt es für das immer häufiger werdende Schulschwänzen?
- Welche Gegenmaßnahmen können/müssen ergriffen werden?
- Sind Geldstrafen in diesem Zusammenhang ein wirkungsvolles Mittel?

4 Mögliche Meinungsäußerung zu Fragestellungen:
Ich halte Geldstrafen nur in wenigen Fällen für sinnvoll. Aber vielleicht werden einige Eltern dadurch aufgerüttelt und nehmen ihre Elternpflicht eher wahr. Wichtig erscheint mir, eine genaue Ursachenforschung zu betreiben und die Schüler/innen dann individuell zu unterstützen. (Allerdings ist diese Vorgehensweise in Anbetracht der großen Anzahl an Schüler/innen, die unter Schwierigkeiten leiden, wohl nur mithilfe eines wesentlich höheren Aufgebots an Schulpsychologen möglich.)

3. Phase **Erstellen Sie eine Gliederung nach den wesentlichen Kriterien der Meinungsrede.**

Einleitung

Beginnen Sie mit einer passenden Anrede. Nennen Sie hier auch das Thema und schildern Sie die besorgniserregende Situation, indem Sie sich auf den Artikel im *Standard* berufen.

Hauptteil

Aufzeigen von Ursachen: (Arbeitsauftrag 1)
Warum schwänzen so viele Kinder und Jugendliche?
- langweiliger Unterricht
- Schulfrust: sehen keinen Sinn im Unterricht, leiden an der Schule

Konsequenz daraus: schlechte Noten/Versagen, führt zu
- noch mehr Frust, noch mehr Schwänzen
- schlechten Berufs- und Lebenschancen

Welchen Ansatz wählt das Unterrichtsministerium?
Erhöhung der Geldstrafen für Eltern von 220 auf 440 Euro; sieht die Eltern in der Pflicht, auf die Einhaltung des Unterrichtsbesuchs zu achten.

Konsequenz daraus:
- Eltern achten auf Schulbesuch, aber Strafe trifft auch Kinder (geringeres Familieneinkommen)
- ABER: die Sinnhaftigkeit des Schulbesuchs wird damit nicht unbedingt einsichtiger → Schule wird zum Feindbild

Schlussfolgerung:
Geldstrafen sind keine geeignete Maßnahme, allenfalls eine Begleitmaßnahme.

Mögliche Maßnahmen (Arbeitsauftrag 2):
Welche Maßnahmen scheinen mir also geeignet?
- Elterninformation bei Schulschwänzen
- verpflichtende Gespräche mit Eltern und Schüler/innen gemeinsam mit Klassenvorstand/Klassenvorständin und Schulpsychologen → gemeinsames Festlegen von Konsequenzen bei erneutem unentschuldigten Fernbleiben
- spannender Unterricht/abwechslungsreiche Lehrmethoden
- Transparenz der Prüfungsinhalte und der Beurteilung
- freundlicher, wertschätzender Umgang
- kleine, überschaubare Klassen!

Schluss
Kurze Zusammenfassung und Appell an Publikum (Arbeitsauftrag 3):
- SGA soll einen Maßnahmenkatalog bei Schulschwänzen ausarbeiten
- Petition an das Unterrichtsministerium:
  - kleinere Klassen
  - pro Schule ein/e Schulpsychologe/in vor Ort mit eigener Sprechstunde
  - gezielte Fortbildungsveranstaltungen für Lehrende
  - Nein zu Geldstrafen → Schule, in die man „gerne geht“

Verfassen Sie eine Meinungsrede. 4. Phase

Lösungsvorschlag

passende Anrede

Sehr geehrte Mitglieder des Schulgemeinschaftsausschusses,

Einleitung:

Themaansprache

als Schülervertreterin möchte ich heute zum Thema „Maßnahmen gegen das Schulschwänzen" Stellung nehmen.

Anknüpfung an persönliche Erfahrung

Jeder von uns weiß, was Schulschwänzen bedeutet. Vielleicht hat mancher von Ihnen selbst in seiner Jugend die eine oder andere Lateinstunde im Kaffeehaus verbracht und denkt: Davon geht die Welt nicht unter!

Darstellung der Situation

Doch die jetzige Situation im österreichischen Schulwesen ist alarmierend: 4 000 bis 5 000 Jugendliche der Oberstufe sind regelmäßige Schwänzer, nicht wenige von ihnen brechen die Schule dann ab!

Ziel der Rede

In meiner Rede möchte ich mögliche Ursachen beleuchten und Lösungsmöglichkeiten diskutieren.

Hauptteil:

Ursachen für das Fernbleiben vom Unterricht

Ein im „Schülerstandard" veröffentlichter Artikel nennt zwei wesentliche Ursachen, warum Jugendliche oftmals dem Unterricht fernbleiben: Langeweile und Frust, dem man aufgrund von schlechten Noten, Druck und Missachtung durch Lehrpersonen ausgesetzt sei. Schulfrust ist ein gravierendes Problem.

Folgen des Schulschwänzens

Denn bleiben die Frustrierten der Schule fern, vergrößern sich die auslösenden Schwierigkeiten exponentiell zu jeder versäumten Stunde: Lücken im Beherrschen des Unterrichtsstoffes dehnen sich aus, die Noten verschlechtern sich zunehmend, der Druck wächst und negative Rückmeldungen folgen. All dies endet in einem Teufelskreis, der zu zerstörten Lebens- und Berufschancen führt. Wie kann man dieser Entwicklung entkommen?

mögliche Gegenmaßnahme: Geldstrafen

Eine Erhöhung der Geldstrafen bei Schulschwänzen auf 440 Euro ist angedacht, falls ein Stufenplan aus Beratung und individueller Betreuung nicht weiterhilft. Vielleicht wachen durch diese drastische Maßnahme einige Eltern eine Zeit lang besser darüber, dass ihre Kinder in die Schule gehen. Problematisch erscheint mir jedoch, dass die Geldstrafe nicht nur die Eltern trifft, sondern auch die Kinder, da nun ein Teil des Familieneinkommens fehlt. Infolge dessen könnte „Schule" zur verhassten Institution, zum Feindbild werden, welches Zwang und Geldstrafen verkörpert. Der eigentliche Sinn des Schulbesuchs, nämlich das freudvolle Lernen, um in unserer Gesellschaft Chancen zu haben, wird verdrängt.

Schlussfolgerung: Geldstrafen wenig sinnvoll

Ich persönlich denke und hoffe, Sie stimmen mir zu, dass bei der Bekämpfung der Schulpflichtverletzung das Hauptaugenmerk nicht auf Geldstrafen liegen darf.

In verpflichtenden Gesprächen mit betroffenen Schüler/innen, ihren Eltern, der Klassenlehrperson und einem Schulpsychologen sollten Ursachen für das Schwänzen genau geklärt werden, um danach gemeinsam Lösungsmöglichkeiten zu entwickeln. Wichtig ist hier die Verbindlichkeit, sobald man sich auf eine Vorgehensweise geeinigt hat. Zudem empfiehlt es sich, gemeinsam klar festzulegen, welche Konsequenzen in Kraft treten, hält sich der Schüler/die Schülerin nicht an Vereinbarungen.

geeignetere Maßnahmen: Analyse der Schülersituation und Beratung zur Lösung des Problems

Darüber hinaus ist die Schule selbst gefordert, Schüler/innen einen möglichst lebensnahen und abwechslungsreichen Unterricht zu bieten. Am allerwichtigsten erscheint mir ein wertschätzender Umgang der Lehrperson mit ihren Schülern/innen und ein Eingehen auf deren Bedürfnisse und Interessen, sofern es der Lehrplan erlaubt. Was in diesem Zusammenhang entscheidend ist: Je klarer Prüfungsinhalte definiert sind und je transparenter die Beurteilung einer Lehrperson ist, desto eher werden Schüler/innen im Unterricht angstfrei und vertrauensvoll lernen können. Sie werden das Gefühl haben: Der Lehrer/die Lehrerin will mein Bestes! Dieses Gefühl kann beflügeln.

wertschätzender Umgang

Transparenz

All dies, sehr geehrte Zuhörerschaft, ist in Klassen mit 30 Jugendlichen kaum möglich, sondern nur in kleinen, überschaubaren Schülergruppen. Hier ist das Unterrichtsministerium gefordert!

Voraussetzung: geringere Klassenstärke

Aus diesem Grund bitte ich Sie, meinen Vorschlägen zu folgen:

Schluss:

kurze Zusammenfassung und Appell

Erarbeiten wir gemeinsam für unsere Schule einen Plan, was bei Schulschwänzen eines Schülers/einer Schülerin zu geschehen hat. Verstehen wir diesen Plan als Hilfestellung und nicht als Strafe. Nicht Geldstrafen sind letztlich eine Lösung, um Schulschwänzen einzudämmen, sondern die Verringerung der Schüler/innenzahlen in einer Klasse, bestens ausgebildete Lehrpersonen und fixe Sprechstunden eines/r Schulpsychologen/in in jeder Schule! Legen wir nachdrücklich diese Überlegungen in einem Schreiben an das Unterrichtsministerium dar! Wir selbst, aber auch die Rahmenbedingungen, müssen Schule zu einem Ort machen, zu dem man „gerne hingeht“.

Danke für Ihre Aufmerksamkeit!

Aufgabe: Verfassen Sie eine literarische Interpretation.

Situation

Im Online-Journal *lesezeichen.at* werden von Schülerinnen und Schülern geschriebene Interpretationen veröffentlicht. Die Redaktion lädt interessierte Gymnasiasten/Gymnasiastinnen der Oberstufe ein, zum beiliegenden Textausschnitt aus dem Roman „Der Schüler Gerber" von Friedrich Torberg eine Interpretation einzusenden.

Arbeitsanweisung

Lesen Sie den Textausschnitt aus Friedrich Torbergs Roman „Der Schüler Gerber".

Verfassen Sie nun die Interpretation und bearbeiten Sie dabei die folgenden Arbeitsaufträge:

- Erklären Sie, welche Befugnisse, die einem Mittelschulprofessor in den 20er- und 30er-Jahren des 20. Jahrhunderts zustanden, von Kurt Gerber infrage gestellt werden.
- Untersuchen Sie die sprachliche und erzähltechnische Darstellung und gehen Sie insbesondere auf Erzählverhalten, Satzbau und Bildlichkeit ein.
- Stellen Sie einen Vergleich der geschilderten Situation zur heutigen her.

Wortanzahl: 540–660

Textbeilage

Der Schüler Gerber (Auszug)

Von Friedrich Torberg

Der Roman wurde 1930 veröffentlicht. Der neunzehnjährige Protagonist Kurt Gerber befindet sich in der Maturaklasse eines Wiener Gymnasiums Er leidet an der Schule.

Hundertfältiges geschah an einem Tag, Stunde um Stunde begaben sich Dinge, von denen man nicht wußte, warum und wozu und wohin sie sich begaben. Als Endpunkt welcher Überlegung, als Glied welcher Kette mußten sie sein? Was war erreicht, wenn Zasche ein Nichtgenügend bekam? Zasche, der sein Leben stumpf wie ein Zugtier zu Ende trotten würde, der das Reifezeugnis zu irgendeinem ihm vorbestimmten Berufsposten brauchte, Zasche, der niemandem etwas zuleide tat und nicht unnötiger war auf der Welt als tausend andre, die mit erhobenem Finger auf ihre Bedeutungslosigkeit hinwiesen. Wem war gedient, wenn Mertens kalkbleich vor der Tafel stand und ihm Zeit gelassen wurde, über etwas nachzudenken, was er nie verstanden hatte? Worauf lief das alles hinaus? Warum waren die hier, die eines Tages, vor langen, langen Jahren, als Primaner dagesessen waren, alle gleich – warum waren sie jetzt zerfallen, gegliedert, kenntlich gemacht, viel deutlicher als sie selbst es gewollt hatten? Gut, es war in der Ordnung, daß dieser mehr Begabung hatte als jener, dieser sie besser auszunützen verstand als jener, erfolgreicher war, Sehrgut bekam und jener nicht. Aber Nichtgenügend? Nicht genügend? Wem darf gesagt werden, mit volltönender Sicherheit und folgenschwer: „Du genügst nicht!“? Wer hatte diesem „Lehrkörper“ und jedem seiner „Mitglieder“ das Recht verbrieft, Jahrzehnte hindurch Existenzen zu bestimmen, einmalig und unantastbar die Entscheidung zu fällen darüber, daß dieser nun mit satten Pranken nach der Zukunft griff, überzeugt, ihm könne nichts geschehen, und jener zusammenbrach und kauerte, ein Schiffbrüchiger auf kahlem Eiland, umtönt vom Meer der Trostlosigkeit, verzweifelt Ausschau haltend, ob am unerbittlich in sich selbst geschlossenen Horizont nicht ein weißes Pünktchen auftauchen wolle, das Erbarmen heißen mochte oder Zufall oder Schwindel?!

Die mit schiefem Blick hinter der Amtsbrille hervorschielen, haben da ihr Argument: „Ja – wer nicht geeignet ist, soll eben nicht in die Mittelschule.“ Stimmt schon. Aber wer entscheidet über die Eignung? Doch wieder nur Sie, Herr Professor! Und wer weiß, wie Ihr Entscheid bei dem und jenem ausgefallen wäre, wenn Sie, Herr Professor, an einem bestimmten Tag, halten zu Gnaden, leichteren Stuhlgang gehabt hätten, oder Ihre Gattin, Herr Professor, den Kaffee nicht hätte anbrennen lassen? Und selbst angenommen, daß Sie objektiv und nach bestem Gewissen zu Ihrer Entscheidung gelangt sind – wie wäre es, wenn heute das gesamte Professorenkollegium ausgewechselt würde und ein andres käme, sich ein Urteil zu bilden? Ist es gar so ausgeschlossen. daß Brodetzky durchfällt und Hobbelmann mit Vorzug besteht? Und immer noch weiter angenommen, daß auch dann, wie es die Fügung will, Hobbelmann durchfällt und Brodetzky mit Auszeichnung besteht – was ist damit bewiesen? Daß Hobbelmann nicht geeignet ist? Daß er eben nicht an die Mittelschule hätte gehen sollen?

Haben Sie, Herr Professor, einen Menschen gefragt, ob Sie Professor werden sollen? Ob Sie geeignet sind? Und hätten Sie sich einer negativen Entscheidung, die vielleicht, wie jetzt die Ihre, von einem Mückenstich abgehangen wäre, unterworfen?

Das wohl nicht. Es kann's auch niemand verlangen. Sie haben das papierene Recht, Professor zu sein, nach ungefähr dem gleichen Schema erworben, nach welchem Sie jetzt andre das papierene Recht erwerben lassen, Abiturienten zu sein. Und die, denen Sie dieses Recht verdanken, haben es wieder so erworben, und die nächsten wieder so und wieder so ... Genug. Es gäbe da nur einen Ausweg: daß sich das Embryo erkundigt, ob es auf die Welt kommen soll. Absurd, nicht wahr. Aber wenn diese Möglichkeit auch bestünde – wer, wer, wer hätte das Recht, dem Embryo zu sagen, daß es nicht geeignet sei?

Und das Recht, einem jungen Menschen, der lebt und vielleicht schon auf eine Leistung sich berufen darf, der vielleicht einmal ein scheues Pferd zur Seite gerissen hat oder eine Blume nicht geknickt; der nichts weiter will, als eine Lebensstrecke hinter sich bringen; der diese Strecke zu einer Zeit betrat, da er ohne Form und Willen war, weiches Wachs in der Hand derer, die ihn schickten, und derer, zu denen er geschickt wurde; der durch sein Dasein erst das Ihre möglich macht, ihm Inhalt gibt, denn Sie wären kein Professor ohne ihn; der sich mit jedem Atemzug den nächsten verdient, nicht anders als wir alle, nur daß er ihrer noch viel mehr vor sich hat – das Recht, einem solchen jungen Menschen zu sagen: „Sie sind nicht geeignet!“, weil er eine Formel vergessen hat oder eine Jahreszahl oder ein Futurum exactum, das Recht, den ersten Stein zu werfen auf ihn, auf seiner Jugend blanke Wasserfläche, wo dieser Stein tief einsinkt und Kreise zieht, von seiner Seele aus zum Strand der Qual, und wieder zurück zu seiner Seele, Kreise, die ihm für immer eingefurcht bleiben, wenn nicht der große Kreis sich formt, der ins Uferlose reicht, in den Tod – dieses Recht hat jeder hergelaufene Fachlehrer?

Wir können das Weltgeschehen nicht ändern, weder Sie, Herr Professor, Beamter der soundsovielten Gehaltsklasse, noch ich, Gerber Kurt, Schüler mit soundsovielter Katalognummer. Aber ich kann versuchen, Sie von Ihrer Nichtigkeit zu überzeugen, Sie zur Einsicht zu bringen, daß Sie die jämmerliche Sackgasse, die Ihnen auf dem Lebensweg vieler, vieler Menschen nun einmal zugewiesen ist, so geräuschlos wie nur irgend möglich abzugehen haben. [...]

INFO **Friedrich Torberg (1908-1979)**

Der Spross einer jüdischen Prager Familie wurde in Wien als Friedrich Ephraim Kantor-Berg geboren und feierte als 22-Jähriger mit seinem Debütroman „Der Schüler Gerber" einen Welterfolg. 1933 wurden seine Bücher von den Nationalsozialisten verboten und 1938 emigrierte Torberg zunächst in die Schweiz, später nach Frankreich und in die USA. 1951 kehrte er nach Österreich zurück. Neben seiner Tätigkeit als Schriftsteller war Torberg auch Herausgeber der Kulturzeitschrift *Forum* und schrieb für Zeitungen wie *Die Presse* zahlreiche journalistische Texte, so auch Theaterkritiken oder Parodien. Mit den Anekdotensammlungen „Tante Jolesch" und „Erben der Tante Jolesch" konnte er am Ende seines Lebens noch einmal in den Bestsellerlisten landen; der Erfolg seines Erstlingswerks blieb jedoch unerreicht. Der Schriftsteller, Journalist und Publizist erhielt neben zahlreichen weiteren Ehrungen unter anderem den *Österreichischen Staatspreis für Literatur*. 1979 starb Friedrich Torberg in Wien.

Mögliche Vorgehensweise

1. Phase **Klären Sie die Anforderungen der Aufgabenstellung.**

Lesen Sie zunächst genau die Aufgabenstellung durch. Stellen Sie sich anschließend Fragen und beantworten Sie sie in Stichworten auf einem Notizzettel:

- In welcher **Rolle/Funktion** schreibe ich?
- Für wen schreibe ich? Wer sind meine **Adressaten**?
- Welche Kriterien erfüllt die **Textsorte „Interpretation“**?
- Welche **Schwerpunkte** soll meine **Interpretation** beinhalten?
- Was genau verlangen die **Operatoren**?

2. Phase **Erschließen Sie den Text.**

Lesen Sie den Textausschnitt aus „Der Schüler Gerber“ genau und analysieren Sie ihn.

1 Markieren Sie sprachliche Auffälligkeiten farbig und bringen Sie am Rand stichwortartige Notizen zu folgenden Aspekten an:
   - infrage gestellte Befugnisse der Lehrer
   - Erzählverhalten
   - Satzbau
   - bildliche Sprache
   - andere Auffälligkeiten in Sprache und Stil

2 Formulieren Sie die Problemstellung des Textes und halten Sie sie auf einem Notizblatt fest.

3 Schreiben Sie die Schlüsselfragen auf, um die es im Text geht.

4 Fertigen Sie Notizen zu Arbeitsauftrag 3 an.

3. Phase **Formulieren Sie einen Interpretationsansatz bzw. eine Interpretationshypothese.**

Hinweis: Der Interpretationsansatz muss sich aus Ihren Ausführungen ableiten. Er erklärt die Intention des Autors und fasst die aus der Analyse gewonnene Textaussage zusammen.

4. Phase **Erstellen Sie eine Gliederung nach den wesentlichen Kriterien der Interpretation.**

5. Phase **Verfassen Sie eine Interpretation.**

Schritt für Schritt zur Lösung

Klären Sie die Anforderungen der Aufgabenstellung. 1. Phase

- *In welcher Rolle/Funktion schreibe ich?*
  Ich bin Schüler/Schülerin, daher schreibe ich aus Schüler/innensicht. Meine Arbeit basiert also sowohl auf im Unterricht erlernten Strategien der Textinterpretation als auch auf meinen Erfahrungen mit und in der Schule, die im speziellen Fall gefragt sind.
- *Für wen schreibe ich? Wer sind meine Adressaten?*
  Ich schreibe für Leser/innen eines Internetjournals, das von Schüler/innen genutzt wird, die sich über Interpretationen informieren wollen. Meine Intention ist es folglich, fachlich kompetent und verständlich zu schreiben.
- *Welche Kriterien erfüllt die Textsorte „Interpretation"?*
  Die Kriterien kann ich auch ab Seite 10 nachlesen, ich sollte mich im Wesentlichen danach richten. (Genaueres siehe 2. Phase)

Hauptfunktion und Kriterien einer Interpretation

Ziel einer Interpretation ist die **Deutung** eines Textes. Dieser kann fiktional (also „erdacht" bzw. „erfunden") oder nicht-fiktional sein.

Dieser Deutung liegt immer eine genaue **Untersuchung auffälliger Textmerkmale** zugrunde (Textanalyse). Basierend auf dieser analytischen Arbeit werden **Schlussfolgerungen** formuliert, die zu einem möglichst **umfassenden Textverständnis** führen sollen.

Eine Interpretation setzt sich grundsätzlich aus informierenden, beschreibenden, analysierenden, argumentierenden und schlussfolgernden Anteilen zusammen:

a Die **Information** bezieht sich zumeist auf die Wiedergabe des Inhalts des vorliegenden Textes in kurzer und möglichst präziser Form, sich auf das Wesentliche beschränkend.

b Die **Beschreibung** deckt die Darstellung erzähltechnischer und sprachlicher Mittel ab.

c Diese werden dann in der **Analyse** im Zusammenhang mit möglichen, im Text verwobenen Intentionen untersucht.

d Die Zusammenführung dieser Überlegungen soll in einer schlüssigen **Argumentation** erfolgen.

e Die **Deutung** – das Kernstück bzw. Ergebnis der Interpretation – steht meist am Ende, sozusagen als Schlussresümee der Arbeit. Wird jedoch eine (manchmal auch durch die Aufgabenstellung vorgegebene) **Inter-**

pretationshypothese an den Eingang der Untersuchung gestellt, so wird es Ziel der Interpretationsarbeit sein, diese Hypothese zu untermauern, zu widerlegen oder teilweise abzuändern.

Ein Text (insbesondere ein literarischer) lässt fast immer mehrere Interpretationsmöglichkeiten zu. Die Qualität der Interpretationsarbeit liegt in der – für den Außenstehenden – **logisch nachvollziehbaren Argumentation** des Interpretierenden: Was an Bedeutung aus dem Text „herausgelesen" wird, sollte belegt werden.

Zur „**Belegführung**" ist die korrekte direkte und indirekte Wiedergabe (Zitieren) von Textteilen unabdingbar.

- *Welche Schwerpunkte soll meine Interpretation beinhalten?*
  Die Schwerpunkte finde ich in den Unterpunkten der Aufgabenstellung. Es geht zunächst darum, die Befugnisse eines damaligen Mittelschullehrers aus dem Inputtext herauszuarbeiten. Im Mittelpunkt steht jedoch die Untersuchung der sprachlichen und erzähltechnischen Gestaltung des Ausgangstextes. Ich muss auch einen Aktualitätsbezug herstellen.
  Hinweis: Die Schwerpunkte müssen in der Arbeit enthalten sein! Fehlen Teile, könnte die Arbeit im Teilbereich „Inhalt" unzureichend sein.
- *Was genau verlangen die Operatoren?*
  - a „**Erklären Sie** …": Dieser Operator fordert dazu auf, klar auszuformulieren, worum es im Wesentlichen in diesem Textausschnitt geht. Aus den vielen, vom Protagonisten gestellten Fragen sollen die grundlegenden herausgefiltert werden.
  - b „**Untersuchen Sie** …": Die Untersuchung der sprachlichen und erzähltechnischen Darstellung steht immer im Dienste der Interpretation, das heißt, sie unterstützt die Interpretationsthese(n).
  - c „**Stellen Sie einen Vergleich her** …": Hier stelle ich meine Erkenntnis darüber, was dieser Text aussagt, in den Zusammenhang meiner persönlichen Erfahrung und beurteile die Gültigkeit der Aussage für mich als Leser/in und für unsere Zeit bzw. Gesellschaft.

Erschließen Sie den Text. **2. Phase**

1 Sprachliche Auffälligkeiten und Notizen zu folgenden Aspekten:

- *infrage gestellte Befugnisse:*
  - das Recht von Professoren, ein „Nichtgenügend" zu verhängen
  - das Recht von Professoren, über Eignung oder Nicht-Eignung eines Schülers/einer Schülerin zu entscheiden
- *Erzählverhalten:*
  In dem Ausschnitt wird „personal" erzählt, und zwar in der besonderen Darstellungsform der erlebten Rede (Z. 1–26). Bei diesem Erzählverhalten wird dem Lesenden eine Innensicht in die Figur geboten, ohne dass deren Gedanken bewertet oder kommentiert werden. Die Auswahl des Gesagten beschränkt sich auf den Standpunkt der Figur Kurt Gerbers. Die Identifizierung der erlebten Rede gestaltet sich jedoch als schwierig, da die grammatikalische Bezugnahme in der 3. Person Singular (ein Kennzeichen der erlebten Rede) nicht zum Einsatz kommt. Als weiteres Merkmal dieser Darstellungsform muss also das Präteritum als Erzählzeit herangezogen werden. Ab Zeile 27 wechselt das Tempus, Kurt Gerbers Gedanken erschließen sich dem Lesenden nun im Präsens, in einem inneren Monolog. Der Erzähler hat sich als Vermittler völlig zurückgezogen, wir befinden uns ausschließlich im Bewusstsein des Protagonisten. Dieses Erzählverhalten bringt den Leser/die Leserin unmittelbar zum Mitdenken, hier vielleicht sogar zum gedanklichen Mitargumentieren. Der dargestellte Inhalt wird dadurch zum Inhalt des Lesenden.
- *Satzbau:*
  Fragen und Thesen: Die Fragen spiegeln das Thema wider – das Infragestellen des Systems, der Rolle und Macht von Lehrpersonen.
- *bildliche Sprache:*
  Metaphern untermalen die dargestellte Situation der Schüler, aber auch der Lehrer. Sie machen den Sachinhalt vorstellbar und eindrucksvoll. Beispiele:
  - „ein Schiffbrüchiger auf kahlem Eiland" (Z. 22 f.): ein Schüler, der zu versagen droht; „kahle[s] Eiland": Schule, die keinerlei Hilfe bietet
  - „Meer der Trostlosigkeit" (Z. 23): Schule, die keine Hoffnung auf Erfolg und Freude lässt
  - „den ersten Stein […] werfen" (Z. 64 f.): urteilen, ohne selbst unfehlbar zu sein

- *andere Auffälligkeiten in Sprache und Stil:*
  - Wiederholung der Frage als Stilmittel, um Eindringlichkeit zu erzeugen
  - Sarkasmus in der direkten Anrede: „Sie, Herr Professor“, „halten zu Gnaden“, „leichteren Stuhlgang gehabt hätten“ (Z. 29–32)

2 Problemstellung des Textes:
Der Text kritisiert das Ausgeliefertsein von Schüler/innen an das undurchschaubare Machtsystem „Schule“ und das Leistungsbeurteilungssystem, welches – laut Darstellung im Textausschnitt – von Professoren willkürlich zum Aburteilen von jungen Menschen instrumentalisiert wird.

3 Schlüsselfragen, um die es im Text geht:
- Dürfen Lehrer/innen sagen: Du genügst nicht? Du bist nicht geeignet?
- Dürfen Lehrer/innen Leistungsbeurteilung so anwenden, dass Schüler/innen vor Angst zittern?
- Wer gibt uns Menschen überhaupt das Recht, andere zu beurteilen?

4 Notizen zu Arbeitsauftrag 3, zum Beispiel:
Sie behaupten, Kurt Gerber spricht über das Unrecht und die schiere Unmöglichkeit, dass fehlbare Menschen über andere Menschen urteilen dürfen. Dabei betrachten Sie diese Aussage im Zusammenhang mit dem heutigen Schulsystem und der sich darin befindlichen Schüler/innen und Lehrpersonen. Und Sie beantworten die Frage: Hat sich etwas geändert?

3. Phase **Formulieren Sie einen Interpretationsansatz bzw. eine Interpretationshypothese.**

Ein Maturant beleuchtet in „erlebter Rede“ und daran anschließend in einem „inneren Monolog“ das in einem österreichischen Gymnasium der 1920er- und 30er-Jahre gängige Beurteilungssystem und die damit verbundene Machtposition des Lehrenden.

Das Stilmittel der rhetorischen Frage, eine Metaphorik, welche die Hilf- und Ausweglosigkeit der Schüler eindringlich veranschaulicht, und der innermonologisch geführte Argumentationsteil thematisieren fehlende Humanität. Sie zeigen auch den Verlust der Würde, dem die Schüler in diesem System ausgesetzt sind.

Der Text appelliert an Professoren, menschlich zu handeln. Der Textausschnitt insgesamt kann als umfassende Kritik am (damaligen) Schulsystem gedeutet werden.

Erstellen Sie eine Gliederung nach den wesentlichen Kriterien der Interpretation. 4. Phase

Einleitung

Legen Sie dar, worum es geht, und benennen Sie sowohl den Autor, den Titel, die Textsorte als auch das Thema des Ausgangstexts. Erklären Sie außerdem die infrage gestellten Befugnisse (Arbeitsauftrag 1).

Hauptteil

Untersuchen Sie die sprachliche und erzähltechnische Darstellung (Arbeitsauftrag 2):

- Erzählverhalten
- Satzbau
- Fragen als Stilmittel
- Wiederholung als Stilmittel
- metaphorische Sprache
- fiktive Anrede
- Sarkasmus als Stilmittel

All dies immer unter dem Aspekt: Welcher Zweck, welche Botschaft steckt dahinter? → Schritte zur Interpretationshypothese

Schluss

Stellen Sie abschließend den Vergleich zur heutigen Situation her und formulieren Sie Ihre Deutung bzw. Interpretation. (Arbeitsauftrag 3)

Verfassen Sie eine Interpretation. 5. Phase

Lösungsvorschlag

Einleitung: *Autor, Titel, Textsorte, Thema*

In dem Textausschnitt aus Friedrich Torbergs Roman „Der Schüler Gerber" sinniert der 19-jährige Maturant Kurt Gerber darüber, welchen Sinn es hat, Schüler/innen an der Tafel vorzuführen, um zu beweisen, dass sie nichts verstanden haben. Außerdem fragt er: Wer gibt Professoren das Recht, über junge Menschen das Urteil „Nichtgenügend" zu verhängen? Die Prosaschrift will aufrütteln und das Ungeheuerliche des gewohnten Beurteilungssystems aufzeigen.

Hauptteil: *sprachliche und erzähltechnische Darstellung* – *Erzählverhalten* – *(rhetorische) Fragen* – *Satzbau*

Wie gelingt es dem Autor, die Leser in Kurt Gerbers Gedankenwelt hineinzuholen? Die Fragen, die im ersten Abschnitt fast ohne „Atempause" aufeinanderfolgen und in deren Sog man als Leser unweigerlich gerät, lässt der personale Erzähler den Protagonisten in einer Art Innensicht, in Form der erlebten Rede, stellen. Die rhetorische Frage ist das Stilmittel der Wahl, denn das Anzweifeln des „[verbrieften] Recht[s]" (Z. 19) ist das Thema des Textausschnitts. An einige Fragesätze schließen zudem konditional-temporale Gliedsätze an: „[...], wenn Zasche ein Nichtgenügend bekam" (Z. 4), „[...], wenn Mertens kalkbleich vor der Tafel stand" (Z. 9). Gerbers Mitschüler erscheinen hilflos und angsterfüllt. Auf „Was war erreicht, [...]?" (Z. 4) und „Wem war gedient, [...]?" (Z. 9) könnten Schüler/innen antworten: „Nichts! Und niemandem! Höchstens einem machtgierigen Professor, der sich dadurch gut fühlt!"

Wiederholungen

Wiederholungen machen die Fragen drängender (vgl. Z. 11 ff., 16 f.), bis die Ausweglosigkeit der Situation in metaphorischer Bildersprache eindrucksvoll einen Höhepunkt findet. Der von der negativen Beurteilung bedrohte Schüler ist „ein Schiffbrüchiger auf kahlem Eiland, umtönt vom Meer der Trostlosigkeit" (Z. 22 f.). Das Schiffbrüchig-Werden steht dabei für das schulische Versagen am Gymnasium, einem „Eiland", wo keinerlei Hilfe zu erwarten ist. Eine Klimax erreicht dieses Bild durch das „Meer der Trostlosigkeit", welches veranschaulicht, dass ein an der Schule Gescheiterter im weiteren Leben nicht viel zu erwarten habe.

Bildlichkeit

Argumentationskette

All dies mündet in das fiktive Gegenargument: „Ja – wer nicht geeignet ist, soll eben nicht in die Mittelschule." (Z. 28) Diese Äußerung löst eine Argumentationskette aus, die der Protagonist in einem inneren Monolog gedanklich durchspielt. Der Maturant wird nun zum wortgewandten Advokaten, der den Berufsstand der Professoren nicht an die Tafel einer Klasse, sondern auf die Anklagebank holt – wenn auch nur gedanklich. Es geht jedoch nicht um Verurteilung, sondern den Versuch, den mächtigen Lehrenden zur „Einsicht zu bringen" (Z. 73). „Sie, Herr Professor" (Z. 29 f.) lautet die Anrede, die der

fiktive Anrede

Protagonist bis zum Ende durchhält. Die Gelegenheit zur Antwort erhält der Angesprochene in diesem gedanklichen Plädoyer nicht.

Sarkasmus und Antithese

Kurt Gerber zieht in seiner Gedankenrede alle Stilregister. Sarkastisch zeigt er den Widerspruch zwischen der absolutistischen Allgewalt und der Niedrigkeit der lehrerhaften Existenz, die unliebsame Entscheidungen trifft, weil es Probleme mit der Stuhlentleerung gegeben habe beziehungsweise morgens der Kaffee angebrannt sei. „[H]alten zu Gnaden" (Z. 31 f.) – und „leichteren Stuhlgang" (Z. 32) verdeutlichen antithetisch den Kontrast zwischen der offiziellen Amtswürde, die ihren Inhaber hervorhebt, und der banalen Körperlichkeit eines jeden Menschen. Die dem Professor amtlich verliehene Herrschaft wird dadurch ins Absurde und Lächerliche gezogen.

Metaphorik

Mit der biblischen Metapher „den ersten Stein […] werfen" (Z. 64 f.) beweist Kurt Gerber schließlich die Unmöglichkeit, zu einem jungen Menschen zu sagen: „Sie sind nicht geeignet". Denn die für alle daraus resultierende Frage lautet: „Wer von uns ist unfehlbar?"

Schluss:

Vergleich zur heutigen Situation

Sind heute Professoren immer noch so mächtig? Ja und nein. Ja deshalb, weil der Professor/die Professorin immer noch ein Nichtgenügend verhängen kann. Nein deshalb, weil es die Möglichkeit gibt, gegen eine ungerechtfertigte Note Berufung einzulegen und damit die Behörden zu einer Überprüfung zu zwingen. Trotzdem hat nach wie vor der Lehrende die Verantwortung der Beurteilung zu tragen. Das Bewusstsein mag bei vielen Lehrer/innen ein humaneres sein, aber nicht bei allen. Die schulische Beurteilung stellt heute, mehr als 80 Jahre nach Erscheinen des Romans, genauso eine Belastung dar wie damals. Der Textausschnitt entlarvt unmissverständlich das Beurteilungssystem als Teil einer Machtordnung, die auf Willkür beruht.

Aktualität der Fragestellung von Torbergs Roman

Der Roman „Der Schüler Gerber" von Friedrich Torberg hat an Aktualität nichts verloren. Der Textausschnitt enthält einen Appell an die Menschlichkeit von Lehrer/innen. Jeder Lehrende sollte diesen Text gelesen haben. Für uns im 21. Jahrhundert bleibt die grundlegende Frage bestehen: Darf Schule ein Instrument der Selektion sein?

Aufgabe: Verfassen Sie eine Erörterung.

Situation

Die Maturaklassen Ihrer Schule beschäftigen sich in einem fächerübergreifenden Deutsch-Geschichte-Projekt mit der gesellschaftlichen Aufgabe von Dichtern. Im Deutschunterricht kommt der Essay „Der Mut, die Wahrheit zu schreiben" von Bertolt Brecht in die Auswahl der relevanten literarischen Arbeiten. Schüler/innen Ihrer Klasse sind nun aufgefordert, zu diesem Text in einer Erörterung Stellung zu nehmen, damit einige dieser Aufsätze gemeinsam mit dem Brecht-Text präsentiert werden können.

Arbeitsanweisung

Lesen Sie zunächst die Textgrundlage „Der Mut, die Wahrheit zu schreiben" von Bertolt Brecht.

Verfassen Sie nun eine Erörterung und bearbeiten Sie dabei die folgenden Arbeitsaufträge:

- Definieren Sie die Art von Mut, die Brecht thematisiert.
- Erörtern Sie anhand von konkreten Beispielen die Stichhaltigkeit seiner Thesen.
- Beurteilen Sie darüber hinaus in einer persönlichen Einschätzung ihre aktuelle Gültigkeit.
- Diskutieren Sie die Zumutbarkeit des im Inputtext Beschriebenen und formulieren Sie darauf aufbauend Ihren eigenen Standpunkt.

Wortanzahl: 540–660

Textbeilage

Der Mut, die Wahrheit zu schreiben

VON BERTOLT BRECHT

Es erscheint selbstverständlich, dass der Schreibende die Wahrheit schreiben soll in dem Sinn, dass er sie nicht unterdrücken oder verschweigen und dass er nichts Unwahres schreiben soll. Er soll sich nicht den Mächtigen beugen, er soll die Schwachen nicht betrügen. Natürlich ist es sehr schwer, sich den Mächtigen nicht zu beugen und sehr vorteilhaft, die Schwachen zu betrügen. Den Besitzenden missfallen, heißt dem Besitz entsagen. Auf die Bezahlung für geleistete Arbeit verzichten, heißt unter Umständen, auf das Arbeiten verzichten und den Ruhm bei den Mächtigen ausschlagen, heißt oft, überhaupt Ruhm ausschlagen. Dazu ist Mut nötig. Die Zeiten der äußersten Unterdrückung sind meist Zeiten, wo viel von großen und hohen Dingen die Rede ist.

Es ist Mut nötig, zu solchen Zeiten von so niedrigen und kleinen Dingen wie dem Essen und Wohnen der Arbeitenden zu sprechen, mitten in einem gewaltigen Geschrei, dass Opfersinn die Hauptsache sei. Wenn die Bauern mit Ehrungen überschüttet werden, ist es mutig, von Maschinen und billigen Futtermitteln zu sprechen, die ihre geehrte Arbeit erleichtern würden. Wenn über alle Sender geschrieen wird, dass der Mann ohne Wissen und Bildung besser sei als der Wissende, dann ist es mutig, zu fragen: für wen besser? Wenn von vollkommenen und unvollkommenen Rassen die Rede ist, ist es mutig zu fragen, ob nicht der Hunger und die Unwissenheit und der Krieg schlimme Missbildungen hervorbringen. Ebenso ist Mut nötig, um die Wahrheit über sich selber zu sagen, über sich, den Besiegten. Viele, die verfolgt werden, verlieren die Fähigkeit, ihre Fehler zu erkennen. Die Verfolgung scheint ihnen das größte Unrecht. Die Verfolger sind, da sie ja verfolgen, die Bösartigen, sie, die Verfolgten, werden ihrer Güte wegen verfolgt. Aber diese Güte ist geschlagen worden, besiegt und verhindert worden und war also eine schwache Güte, eine schlechte, unhaltbare, unzuverlässige Güte; denn es geht nicht an, der Güte die Schwäche zuzubilligen, wie dem Regen seine Nässe.

Zu sagen, dass die Guten nicht besiegt wurden, weil sie gut, sondern weil sie schwach waren, dazu ist Mut nötig.

Natürlich muss die Wahrheit im Kampf mit der Unwahrheit geschrieben werden und sie darf nicht etwas Allgemeines, Hohes, Vieldeutiges sein. Von dieser allgemeinen, hohen, vieldeutigen Art ist ja gerade die Unwahrheit. Wenn von einem gesagt wird, er hat die Wahrheit gesagt, so haben zunächst einige oder viele oder einer etwas anderes gesagt, eine Lüge oder etwas Allgemeines, aber er hat die Wahrheit gesagt, etwas Praktisches, Tatsächliches, Unleugbares, das, um was es sich handelte.

Wenig Mut ist dazu nötig, über die Schlechtigkeit der Welt und den Triumph der Rohheit im Allgemeinen zu klagen und mit dem Triumphe des Geistes zu drohen, in einem Teile der Welt, wo dies noch erlaubt ist. Da treten viele auf, als seien Kanonen auf sie gerichtet, während nur Operngläser auf sie gerichtet sind. Sie schreien ihre allgemeinen Forderungen in eine Welt von Freunden harmloser Leute. Sie verlangen eine allgemeine Gerechtigkeit, für die sie niemals etwas getan haben, und eine allgemeine Freiheit, einen Teil von der Beute zu bekommen, die lange mit ihnen geteilt wurde. Sie halten für Wahrheit nur, was schön klingt. Ist die Wahrheit etwas Zahlenmäßiges, Trockenes, Faktisches, etwas, was zu finden Mühe macht und Studium verlangt, dann ist es keine Wahrheit für sie, nichts was sie in Rausch versetzt. Sie haben nur das äußere Gehaben derer, die die Wahrheit sagen. Das Elend mit ihnen ist: sie wissen die Wahrheit nicht.

„Fünf Schwierigkeiten beim Schreiben der Wahrheit“ (Auszug), aus: Bertolt Brecht, Werke. Große kommentierte Berliner und Frankfurter Ausgabe, Band 22: Schriften 2.

INFO **Bertolt Brecht (1898-1956)**

Der 1898 in Augsburg geborene Bertolt – kurz Bert – Brecht verfasste bereits als Schüler erste Gedichte, Prosatexte und Dramenentwürfe. Zwar schrieb er sich formal für das Studium der Medizin und Philosophie ein, konzentrierte sich aber auf seine schriftstellerischen Tätigkeiten und sammelte erste Erfahrungen als Dramaturg und Theaterregisseur. 1922 stellten sich mit der Uraufführung von „Trommeln in der Nacht“ erste Erfolge ein. Die Werke des überzeugten Kommunisten wurden 1933 durch die Nationalsozialisten verboten und Brecht flüchtete vor den Repressionen aus Deutschland – zunächst nach Prag, Wien, Zürich, Dänemark – und ging schließlich in die USA ins Exil. Dort wurde Brecht im Zuge der Kommunistenjagd nach dem Zweiten Weltkrieg vor das Komitee für antiamerikanische Tätigkeiten vorgeladen, woraufhin er die USA verließ. In Ost-Berlin wurde er Leiter des Berliner Ensembles und feierte große Erfolge mit seinen Theaterinszenierungen. Zu seinen bekanntesten Werken gehören „Mutter Courage und ihre Kinder“ genauso wie „Leben des Galilei“ oder „Die Dreigroschenoper“. 1956 starb Bertolt Brecht an einem Herzinfarkt.

Mögliche Vorgehensweise

Klären Sie die Anforderungen der Aufgabenstellung. 1. Phase

Lesen Sie zunächst genau die Aufgabenstellung. Stellen Sie sich folgende Fragen und beantworten Sie sie in Stichworten auf einem Notizzettel:

- In welcher **Rolle/Funktion** schreibe ich?
- Für wen schreibe ich? Wer sind meine **Adressaten**?
- Welche Kriterien erfüllt die **Textsorte „Erörterung“**?
- Welche **Schwerpunkte** soll meine Erörterung beinhalten?
- Was genau verlangen die **Operatoren**?

Erschließen Sie den Text. 2. Phase

Lesen Sie den Ausgangstext „Der Mut, die Wahrheit zu schreiben“ genau und analysieren Sie ihn.

1 Bringen Sie am Rand Zwischenüberschriften und Erklärungen an und markieren Sie alle Textstellen, die beschreiben, wann und wozu Mut nötig ist.
2 Erfassen Sie die Problemstellung des Textes und halten Sie sie auf einem Notizblatt fest.
3 Formulieren Sie die Schlüsselfragen, um die es im Text geht, und notieren Sie sie.
4 Schreiben Sie die wichtigen Fragen, die über den Text hinausweisen, auf.

Erstellen Sie eine Gliederung nach den wesentlichen Kriterien der Erörterung und folgen Sie dabei den Schwerpunkten der Aufgabenstellung. 3. Phase

Verfassen Sie eine Erörterung. 4. Phase

Schritt für Schritt zur Lösung

1. Phase **Klären Sie die Anforderungen der Aufgabenstellung.**

- *In welcher Rolle/Funktion schreibe ich? Für wen schreibe ich? Wer sind meine Adressaten?*
  Ich bin Schüler/Schülerin, daher schreibe ich aus Schüler/innensicht. Ich schreibe für Schüler/innen.
- *Welche Kriterien erfüllt die Textsorte „Erörterung"?*
  Die Kriterien kann ich auch ab Seite 13 nachlesen, ich sollte mich im Wesentlichen danach richten.

Hauptfunktion und Kriterien einer Erörterung

Ein vorliegender Text soll erklärt und die darin enthaltenen Thesen bzw. Argumente sollen beleuchtet und auf ihre Stichhaltigkeit hin untersucht werden. Die Erörterung ist ein **sachlicher Text**, der **Problemstellungen argumentativ behandelt.**

Weitere Kriterien sind:

a den **Sachverhalt** des Ausgangstexts **korrekt darlegen** (*hier:* Was soll jeder Schriftsteller tun? Zu welchem Zweck?)

b stichhaltige **Argumente formulieren** und **Gegenargumente mit einbeziehen**, d. h. Behauptungen begründen und Beispiele geben

c **Gedanken** eigenständig **fortführen**, also sich z. B. fragen: Was spricht dagegen?

d auf **angemessenen Wortschatz** und **abwechslungsreichen Satzbau**, insbesondere auf Konjunktionen und Verweiswörter, achten

- *Welche Schwerpunkte soll meine Erörterung beinhalten?*
  Diese richten sich nach den Unterpunkten der Aufgabenstellung (2. Phase)
- *Was genau verlangen die Operatoren?*

  a **„Definieren Sie** …": Sie sollen in anderen Worten einen Begriff erklären.

  b **„Erörtern Sie** …": Hier müssen Sie vorliegende Thesen oder Argumente aus der Leserperspektive diskutieren.

  c **„Beurteilen Sie** …": Dieser Operator schließt eine Wertung mit ein, er verlangt die persönliche Einschätzung eines Sachverhaltes.

  d **„Diskutieren Sie** …": Sie sollen einen Sachverhalt von verschiedenen Seiten ausführlich beschreiben und beurteilen.

Erschließen Sie den Text. **2. Phase**

1 Farbige Markierungen, Notizen und Zwischenüberschriften:

Beispiel für eine Textbearbeitung

Es erscheint selbstverständlich, dass der Schreibende die Wahrheit schreiben soll in dem Sinn, dass er sie nicht unterdrücken oder verschweigen und dass er nichts Unwahres schreiben soll. Er soll sich nicht den Mächtigen beugen, er soll die Schwachen nicht betrügen. Natürlich ist es sehr schwer, sich den Mächtigen nicht zu beugen und sehr vorteilhaft, die Schwachen zu betrügen. Den Besitzenden missfallen, heißt dem Besitz entsagen. Auf die Bezahlung für geleistete Arbeit verzichten, heißt unter Umständen, auf das Arbeiten verzichten und den Ruhm bei den Mächtigen ausschlagen, heißt oft, überhaupt Ruhm ausschlagen. Dazu ist Mut nötig. Die Zeiten der äußersten Unterdrückung sind meist Zeiten, wo viel von großen und hohen Dingen die Rede ist.

Es ist Mut nötig, zu solchen Zeiten von so niedrigen und kleinen Dingen wie dem Essen und Wohnen der Arbeitenden zu sprechen, mitten in einem gewaltigen Geschrei, dass Opfersinn die Hauptsache sei. Wenn die Bauern mit Ehrungen überschüttet werden, ist es mutig, von Maschinen und billigen Futtermitteln zu sprechen, die ihre geehrte Arbeit erleichtern würden. Wenn über alle Sender geschrieen wird, dass der Mann ohne Wissen und Bildung besser sei als der Wissende, dann ist es mutig, zu fragen: für wen besser? Wenn von vollkommenen und unvollkommenen Rassen die Rede ist, ist es mutig zu fragen, ob nicht der Hunger und die Unwissenheit und der Krieg schlimme Missbildungen hervorbringen. Ebenso ist Mut nötig, um die Wahrheit über sich selber zu sagen, über sich, den Besiegten. Viele, die verfolgt werden, verlieren die Fähigkeit, ihre Fehler zu erkennen. Die Verfolgung scheint ihnen das größte Unrecht. Die Verfolger sind, da sie ja verfolgen, die Bösartigen, sie, die Verfolgten,

NOTIZEN

Das Schreiben der Wahrheit erfordert Mut.
„erscheint“ – es gibt Zweifel?
„der Schreibende“: allgemeingültig für jede Art des Schreibens (alle Gattungen und Textsorten)

→ Mut: den Mächtigen und Besitzenden entgegentreten und Geld und Ruhm ausschlagen

Das Schreiben der Wahrheit ist das Beschreiben der Realität.

Beispiele:

a) Ehrungen für Bauern (Widerspruch/Deckmantel, denn: Ehrungen haben keinen praktischen Wert)

b) höherer Wert von Ungebildeten (sind für Machthaber bequem, sie hinterfragen weniger)

c) Rassenlehre (lächerlich angesichts tatsächlicher Probleme)

→ Mut: propagierte Aussagen infrage stellen und selbstkritisch sein

Verfolgung befreit nicht vor ehrlicher Gewissenserforschung.

Anklage:
Gut sein, heißt nicht zwangsläufig, stark zu sein.
Nur Opfer zu sein, ist keine Rechtfertigung.

werden ihrer Güte wegen verfolgt. Aber diese Güte ist geschlagen worden, besiegt und verhindert worden und war also eine schwache Güte, eine schlechte, unhaltbare, unzuverlässige Güte; denn es geht nicht an, der Güte die Schwäche zuzubilligen, wie dem Regen seine Nässe.

→ Mut: den „Guten" ihre eigene Schwäche aufzeigen

Zu sagen, dass die Guten nicht besiegt wurden, weil sie gut, sondern weil sie schwach waren, dazu ist Mut nötig.

Wahrheit ist immer auch ein Kampf gegen Unwahrheit.

Natürlich muss die Wahrheit im Kampf mit der Unwahrheit geschrieben werden und sie darf nicht etwas Allgemeines, Hohes, Vieldeutiges sein. Von dieser allgemeinen, hohen, vieldeutigen Art ist ja gerade die Unwahrheit. Wenn von einem gesagt wird, er hat die Wahrheit gesagt, so haben zunächst einige oder viele oder einer etwas anderes gesagt, eine Lüge oder etwas Allgemeines, aber er hat die Wahrheit gesagt, etwas Praktisches, Tatsächliches, Unleugbares, das, um was es sich handelte.

Wahrheit muss PRAKTISCH nachweisbar sein.

Die Wahrheit verträgt kein Geschwafel.

Wenig Mut ist dazu nötig, über die Schlechtigkeit der Welt und den Triumph der Roheit im Allgemeinen zu klagen und mit dem Triumphe des Geistes zu drohen, in einem Teile der Welt, wo dies noch erlaubt ist. Da treten viele auf, als seien Kanonen auf sie gerichtet, während nur Operngläser auf sie gerichtet sind. Sie schreien ihre allgemeinen Forderungen in eine Welt von Freunden harmloser Leute. Sie verlangen eine allgemeine Gerechtigkeit, für die sie niemals etwas getan haben, und eine allgemeine Freiheit, einen Teil von der Beute zu bekommen, die lange mit ihnen geteilt wurde. Sie halten für Wahrheit nur, was schön klingt. Ist die Wahrheit etwas Zahlenmäßiges, Trockenes, Faktisches, etwas, was zu finden Mühe macht und Studium verlangt, dann ist es keine Wahrheit für sie, nichts was sie in Rausch versetzt. Sie haben nur das äußere Gehaben derer, die die Wahrheit sagen. Das Elend mit ihnen ist: sie wissen die Wahrheit nicht.

Schöne, philosophische Worte über die Wahrheit sind nutzlos und erfordern keinen Mut.

„Fünf Schwierigkeiten beim Schreiben der Wahrheit" (Auszug), aus: Bertolt Brecht, Werke. Große kommentierte Berliner und Frankfurter Ausgabe, Band 22: Schriften 2;

2 Problemstellung des Textes:
Es geht um den Anspruch, auch in schwierigsten Situationen der Wahrheit schriftlich zu ihrem Recht zu verhelfen, um Unrecht und Ungerechtigkeiten, aber auch gesellschaftliche Nachteile von verschiedenen Bevölkerungsgruppen aufzudecken und zu bekämpfen. Dazu ist Mut nötig, denn die Wahrheit zu sagen, ist unbequem und man bringt sich dadurch in Gefahr.

3 Schlüsselfragen, um die es im Text geht:
- Wer ist der „Schreibende"?
- Wer sind die „Mächtigen" und die „Besitzenden" damals und heute?
- Wie sollen die Wahrheitsschreibenden sein?
- Wann nur ist das Schreiben der Wahrheit wirkungsvoll?
- Warum kostet das Schreiben der Wahrheit Mut?

4 Wichtige Fragen, die über den Text hinausweisen:
- Ist der Text heute gültig?
- Welche konkreten Beispiele lassen sich finden?
- Darf man eine solche Art von Mut einfordern, kann man sie erwarten?
- Muss jeder wirklich „die Wahrheit" schreiben?
- Gelten Brechts Überlegungen auch für die Literatur?

4. Phase **Erstellen Sie eine Gliederung nach den wesentlichen Kriterien der Erörterung und folgen Sie dabei den Schwerpunkten der Aufgabenstellung.**

Einleitung

Bieten Sie hier – der Aufgabenstellung folgend – eine Erklärung dessen, was der Autor seinen Lesern vermitteln will; es geht um die **Definition von Mut** im vorliegenden Zusammenhang.

Hauptteil

Setzen Sie sich argumentativ mit Brechts Thesen auseinander:

- **Argumente**, die mit konkreten **Beispielen** untermauert sind:
  Argument 1: Historische Beispiele belegen Brechts Thesen (Mut von Regimekritikern im Dritten Reich)
  Argument 2: Aktuelle Beispiele belegen Brechts Thesen (heutige Kämpfer für die Wahrheit)
  Argument 3: Veränderte Voraussetzungen erfordern gleichbleibenden Mut
- Beurteilung der **Gültigkeit** der Thesen: Aktualität auch im 21. Jahrhundert
- als Schlussfolgerung: Diskussion der **Zumutbarkeit:**
  Gegenargument 1: Die Umsetzung in der Praxis ist oft schwierig
  Gegenargument 2: Es gibt mehr Themen für Schriftsteller als nur die „Wahrheit“

Schluss

Formulieren Sie abschließend Ihren eigenen Standpunkt, der sich aus dem vorher Gesagten ableitet.

5. Phase **Verfassen Sie eine Erörterung.**

Lösungsvorschlag

Einleitung

Bertolt Brechts Text ist ein appellativer Essay darüber, was ein Schreibender grundsätzlich schreiben soll: nämlich die Wahrheit. Schriftsteller, Journalisten, Personen, deren Texte Öffentlichkeit erreichen, brauchen dazu Mut, denn – unter Umständen – bringen sie sich damit in Gefahr. Die „Mächtigen" (Z. 3, 5, 8), das sind die „Regierenden" und die „Besitzenden" (Z. 6), können – wenn Sie die Wahrheit wegsperren wollen – den Schreibenden bedrohen. Dieser unterliegt so der Zensur: Entweder sind Freiheit und Broterwerb in Gefahr oder es warten Gefängnis, Unterdrückung und Armut, schlimmstenfalls der Tod. Brecht spricht also vom Mut, persönliche Opfer zu bringen, um anderen Menschen mit der Wahrheit zu dienen, wenn es bequemer wäre zu schweigen. Dieser Mut bringt nur selten Ruhm, meist halst man sich eine Menge Ärger auf. Brechts Auffassung von Mut beinhaltet auch, das von den Machthabern Propagierte infrage zu stellen und eine „schwache Güte" zu kritisieren. Das Gesagte bzw. Geschriebene soll zudem praktische Auswirkungen haben und die unrecht Handelnden in Zugzwang bringen.

Definition von Mut

Hauptteil:

Argument 1: Mut der Geschwister Scholl

Die Geschichte zeugt von jenem Mut Wahrheit-Schreibender, wie ihn Brecht fordert. Die Geschwister Scholl mussten in Nazi-Deutschland ihr Leben lassen, ihre Flugblätter sprachen die Wahrheit. Ihr Ziel war es, eine Schreckensherrschaft zu Fall zu bringen. Viele wichtige Schriftsteller, die kommunistisches oder sozialistisches, liberales und pazifistisches Gedankengut im Dritten Reich veröffentlichten, also Demokratie statt Totalitarismus propagierten, mussten das Land verlassen und ihre Bücher waren verboten. Bert Brecht selbst, Heinrich und Thomas Mann sind nur wenige Namen.

Mut von Schriftstellern im „Dritten Reich"

Argument 2: heutige Kämpfer für die Wahrheit

Heute tauchen regimekritische, die Wahrheit benennende Schriften im Internet auf und können so eine ungleich größere Menge an Leser/innen erreichen. China, als bekanntestes Beispiel der Gruppe der Mächtigen, führt einen erbitterten Kampf gegen diese Art der Wahrheitsveröffentlichung. Das heißt aber gleichzeitig, dass sich die Gruppe der Menschen, denen mit regimekritischen Schriften „geholfen" werden soll, nicht so klar abgrenzen lässt, wie Brecht es beschreibt. Dennoch: Immer noch sind diejenigen, die von der Korruption der Mächtigen – und das sind durchaus auch demokratisch gewählte Regierungsmitglieder – betroffen sind, die arbeitenden Menschen, die nur versuchen, ihren Lebensunterhalt zu verdienen.

Argument 3: veränderte Voraussetzungen, gleichbleibender Mut → Edward Snowden

Ein aktuelles Beispiel beweist, dass es heute ebenfalls Mut erfordert, Fakten, die Regierende lieber im Verborgenen wissen, einer breiten Masse zugänglich zu machen. Der Whistleblower Edward Snowden kämpft zwar nicht für benachteiligte Arbeiter, sondern für das Recht auf Datenschutz jedes Internetnutzers, seine Aufdeckung der globalen Überwachung von Internetaktivitäten durch die NSA haben ihn jedoch in den Vereinigten Staaten zum Verfolgten gemacht.

Schlussfolgerndes Argument: Aktualität auch im 21. Jahrhundert

Die mutige Veröffentlichung von „Wahrheit" ist also auch im 21. Jahrhundert in jeder Demokratie unverzichtbar – sie ist ein Instrument der Kontrolle! Den Medien fällt hier eine enorme Aufgabe zu, denn die Meinungsfreiheit ist eine wesentliche Säule der Demokratie. Aus all diesem leitet sich die Erkenntnis ab, dass auch heute jeder sozial und rechtsstaatlich denkende Bürger Brechts Anspruch, die Wahrheit zu schreiben, zustimmen muss.

Infragestellen der Zumutbarkeit

1. Gegenargument: schwierige Umsetzung

Trotzdem geht dieser Anspruch im Praktischen zu weit, wie der Text selbst andeutet: „Es *scheint* selbstverständlich, dass der Schreibende die Wahrheit schreiben soll" (Z. 1). Zum einen kann nicht jeder sein Leben opfern, um Regimen zu trotzen. Manch einer muss auf Angehörige Rücksicht nehmen. Wer darf von einem anderen Menschen verlangen, um der Wahrheit willen sein Leben hinzugeben, seine Existenz aufzugeben? Auch wenn der Wille da ist, unter Gefahr soziale Ungerechtigkeit und zerstörerische Macht aufzudecken, nicht jeder Schreibende *kann* ein Wahrheitsheld sein.

2. Gegenargument: mehr Themen als nur die „Wahrheit"

Darüber hinaus möchten nicht alle Schriftsteller über reale Fakten schreiben, sondern in der Literatur auch der Fantasie, dem Traum, also anderen Seinsebenen, Sprache und Raum verleihen. Gefühle, wie individuell empfundene Liebe, Trauer und Freude, die nichts mit Gesellschaft oder Politik zu tun haben, müssen ebenso Thema sein dürfen.

Schlussresümee

Wahrheit kann viele Gesichter haben.

Aufgabe: Verfassen Sie eine vergleichende Textinterpretation.

Situation

Im Zuge Ihrer Deutsch-Matura sollen Sie zeigen, dass Sie literarische Texte interpretieren und im Vergleich von Texten verschiedener Gattungen Gemeinsames und Unterschiedliches beschreiben können.

Arbeitsanweisung

Lesen Sie zunächst das Gedicht „Bequem" von Andrea Sailer (Textbeilage 1) und den Textausschnitt aus „Klassenzusammenkunft", erschienen im Band „Geschichten zur falschen Zeit" von Peter Bichsel (Textbeilage 2).

Verfassen sie nun die vergleichende Interpretation und bearbeiten Sie dabei die folgenden Arbeitsaufträge:

- Erklären Sie, welche Art von „Mut" in den Texten thematisiert wird.
- Untersuchen Sie die Literaturbeispiele in Hinblick auf gattungsspezifische Merkmale.
- Formulieren Sie darauf aufbauend die intendierten Aussagen.
- Führen Sie abschließend Ihre Erkenntnisse im Vergleich zusammen.

Wortanzahl: 540–660

Textbeilage 1

Bequem

VON ANDREA SAILER

Es ist bequem
Nicht hinzusehn
Sich umzudrehn
Und wegzugehn
Es ist bequem
Nur dazustehn
Und zuzuschaun
Nicht hinzugehn
Dann abzudrehn
Es ist bequem
Vorbeizugehn
Und wegzusehn
Nicht beizustehn
Nicht einzugehn
Es ist bequem

Aus: Andrea Sailer, Ohne Abschied. Skizzen, Notizen, Betrachtungen. © Leykam Verlag Graz 2003

Textbeilage 2

Klassenzusammenkunft

VON PETER BICHSEL

Es gib keinen Anlaß, an unserer Schule zu zweifeln, wir sind etwas geworden, und hier an der Klassenzusammenkunft darf man es auch geworden sein – kein Ton von persönlichen Schwierigkeiten, von Frustration und Trauma, von Unglück und Enttäuschung. Es gibt keinen Anlaß, an unserer Schule zu zweifeln.

Und es ist ein netter Abend. Alle haben sich darauf gefreut, alle waren gespannt darauf. Einer sagt – der Erwachsene –, was besonders schön sei, sei, daß sich keiner betrunken habe. Warum eigentlich nicht?

Anderntags die Erinnerung daran – jetzt plötzlich –, daß man sich überhaupt nichts gefragt hat, daß man sich nichts erzählt hat. Daß man im Grunde genommen nichts anderes als ehemalige Zwölfjährige getroffen hat – Zwölfjährige, zu denen man eine tiefe Beziehung hatte.

Ist es vielleicht so, daß es schön war, ein Kind zu sein? Einer – der Italiener – schimpft milde über einen Lehrer, der ihn täglich verprügelte. Ich erinnere mich, und wir fragen uns gegenseitig, ob wir uns noch erinnern.

Er wurde mit dem Stock verprügelt für seine Handschrift und für seine Heftführung, verprügelt von einem begeisterten Pedanten, von einem begeisterten Schönschreiber, von einem Lehrer, der von all jenen geliebt wurde, die er verschonte.

Ein Politiker übrigens, ein Ehrenmann. Man hatte ihn nicht eingeladen, man hatte vergessen, ihn einzuladen. Hätte man es getan, man hätte wohl vergessen, daß er den Italiener täglich verprügelte.

Der Italiener war ein lieber Kerl. Wir mochten ihn, d. h., wir mochten ihn erst ein Jahr später, als wir zu unserem Lieblingslehrer kamen, wir mochten ihn erst, als er einen Lehrer bekam, der ihn mochte.

Er ist immer noch ein lieber Kerl, und es ist etwas geworden aus ihm. Geschadet? Nach offiziellen Maßstäben wohl nicht. Aber er war jener, den wohl alle gleich erkannt haben. Man hatte es sich offensichtlich gemerkt damals, das Gesicht des Opfers.

Es ist wohl nicht nur mir eingefallen, das Bild von damals, als wir in unseren Bänken saßen, still und aufmerksam, mit verschränkten Armen und Blick nach vorn und zuschauten, wie der Italiener verprügelt wurde, eigentlich auch zuschauten, wie wir nicht verprügelt wurden.

Keinem von uns wäre eingefallen, daß hier gemeines Unrecht geschah. Das Gesicht jenes Lehrers löst in mir heute keinen Schrecken aus – ein freundlicher Mann, ein mit mir freundlicher Mann. Ich weiß, daß ich damals nichts, nicht das Geringste gegen ihn hatte. Ich empfand es als Gunst, daß er mich nicht verprügelte, und er ließ sich diese Gunst mit meiner Liebe bezahlen.

Sonst erinnert uns nichts an diesen Lehrer.

Er hatte uns etwas beigebracht; Unrecht zu ertragen und Gunst anzunehmen, er hatte uns die Klassen in der Klasse beigebracht, die Schule der Faschisten.

Ob er einer war? Sicher nicht!

Ob wir welche geworden sind?

Das ist nicht festzustellen bei der Zusammenkunft der Klassen.

Aus: Peter Bichsel, Geschichten zur falschen Zeit. Kolumnen 1975–1978.

Mögliche Vorgehensweise

1. Phase **Klären Sie die Anforderungen der Aufgabenstellung.**

Lesen Sie zunächst genau die Aufgabenstellung. Stellen Sie sich anschließend folgende Fragen und beantworten Sie sie in Stichworten auf einem Notizzettel:

- In welcher **Rolle/Funktion** schreibe ich?
- Für wen schreibe ich? Wer sind meine **Adressaten**?
- Welche Kriterien erfüllt die **Textsorte „Textinterpretation"**?
- Welche **Schwerpunkte** soll meine **Interpretation** beinhalten?
- Was verlangen die **Operatoren**?

2. Phase **Erschließen Sie die Texte.**

Lesen Sie beide Literaturbeispiele genau und analysieren Sie sie.

1 Bringen Sie am Rand Zwischenüberschriften und Erklärungen an, die für die Erfüllung der Aufgabenstellung wichtig sind.

2 Markieren Sie alle Textstellen, die gattungsspezifische Merkmale aufweisen und Deutungshinweise enthalten.

3. Phase **Erstellen Sie eine Gliederung nach den wesentlichen Kriterien der Textinterpretation und folgen Sie dabei den Schwerpunkten der Aufgabenstellung.**

4. Phase **Verfassen Sie eine vergleichende Textinterpretation.**

Schritt für Schritt zur Lösung

Klären Sie die Anforderungen der Aufgabenstellung. **1. Phase**

- *In welcher Rolle/Funktion schreibe ich? Wer sind meine Adressaten?*
  Die vorgegebene Situation verlangt Interpretationskompetenz: meine Arbeit wendet sich an meine Lehrperson und erfordert eine sachliche Sprache, die auch eine gewisse Kenntnis der Fachterminologie zeigen soll.
- *Welche Kriterien erfüllt die Textsorte „Interpretation"?*
  Die Kriterien kann ich ab Seite 10 und auf Seite 59 f. nachlesen.
- *Welche Schwerpunkte soll meine Interpretation beinhalten?*
  Einen Schwerpunkt stellt die Untersuchung der gattungsspezifischen Merkmale der beiden literarischen Texte dar.

Gattungsspezifische Merkmale sind zum Beispiel:

Lyrik	**Epik** (hier Ausschnitt aus einer Erzählung)
Sprache und Aufbau: • gebundene Sprache: Reimschema; Metrum und Rhythmus • Aufbau in Versen/Strophen	**Sprache und Aufbau:** • Prosa • Raum- und Zeitgestaltung • Struktur des Textes
Kommunikationssituation: • lyrisches Ich/lyrischer Sprecher • der Adressat • andere Figuren?	**Erzählverhalten, Figurendarstellung:** • der Erzähler (personaler, auktorialer, neutraler Ich-/Er-Erzähler) • vorkommende Figuren und ihre Eigenschaften/Funktionen

Sprachliche und stilistische Besonderheiten:

- Sprachliche Bilder: Vergleich, Metapher, Personifikation, Allegorie, Symbol
- Stilfiguren: rhetorische Frage, Alliteration, Anapher, Parallelismus usw.

Thema und Motiv

Essentiell ist der letzte Punkt der Aufgabenstellung: Sie sollen *klar* formulieren, welche Gemeinsamkeiten bzw. Unterschiede die Texte aufweisen.

- *Was verlangen die Operatoren?*
  „**Erklären**" fordert Sie dazu auf, die Arten von „Mut" bei Sailer und Bichsel zu definieren. Zum anderen sollen Sie die Texte „**untersuchen**", also wichtige gattungsspezifische Einzelheiten beleuchten. Die Interpretationshypothesen werden dann aus bzw. innerhalb dieser Untersuchung abgeleitet.

2. Phase **Erschließen Sie die Texte.**

1 Zwischenüberschriften und Erklärungen

2 Textstellen mit gattungsspezifischen Merkmalen und Deutungshinweisen

NOTIZEN	**Beispiel einer Textbearbeitung**
Refrain: „Es ist bequem“	Es ist bequem
	Nicht hinzusehn
	Sich umzudrehn
Infinitive füllen die Leerstelle „es“ – anstelle des Subjekts	Und wegzugehn
	Es ist bequem
Verben veranschaulichen Bewegungen des Wegdrehens, Weggehens bzw. des passiven Verharrens, ohne zu handeln	Nur dazustehn
	Und zuzuschaun
Das Zuschauen verrät, dass der „Passant“ weiß, was geschieht; es folgt die bewusste Abwendung	Nicht hinzugehn
	Dann abzudrehn
	Es ist bequem
Reimschema: monoton	Vorbeizugehn
Rhythmus: monoton, wiederholend	Und wegzusehn
Wiederholung der Negationspartikel „nicht“ (Anapher): Vermittlung von Eindringlichkeit	Nicht beizustehn
	Nicht einzugehn
Letzte Zeile schließt an die erste an, der Kreis schließt sich.	Es ist bequem

Aus: Andrea Sailer: Ohne Abschied. Skizzen, Notizen, Betrachtungen.

NOTIZEN	**Beispiel einer Textbearbeitung**
Zweifel? *„etwas“: was? im Beruf erfolgreiche Menschen?* *Wiederholung des Satzes macht Leser aufmerksam.*	Es gib keinen Anlaß, an unserer Schule zu zweifeln, wir sind etwas geworden, und hier an der Klassenzusammenkunft darf man es auch geworden sein – kein Ton von persönlichen Schwierigkeiten, von Frustration und Trauma, von Unglück und Enttäuschung. Es gibt keinen Anlaß, an unserer Schule zu zweifeln.
	Und es ist ein netter Abend. Alle haben sich darauf gefreut, alle waren gespannt darauf. Einer sagt – der Erwachsene –, was besonders schön sei, sei, daß sich keiner betrunken habe. Warum eigentlich nicht?

Anderntags die Erinnerung daran – jetzt plötzlich –, daß man sich überhaupt nichts gefragt hat, daß man sich nichts erzählt hat. Daß man im Grunde genommen nichts anderes als ehemalige Zwölfjährige getroffen hat – Zwölfjährige, zu denen man eine tiefe Beziehung hatte.

Erinnerung führt zur gedanklichen Aufarbeitung – Wortfeld: „sich erinnern", „sich merken", …
Parenthese und Wiederholung

Ist es vielleicht so, daß es schön war, ein Kind zu sein? Einer – der Italiener – schimpft milde über einen Lehrer, der ihn täglich verprügelte. Ich erinnere mich, und wir fragen uns gegenseitig, ob wir uns noch erinnern.

Stilmittel der Frage
Italiener leitet Erinnerung auf bestimmte Ereignisse
Abwandlung: „noch erinnern"

Er wurde mit dem Stock verprügelt für seine Handschrift und für seine Heftführung, verprügelt von einem begeisterten Pedanten, von einem begeisterten Schönschreiber, von einem Lehrer, der von all jenen geliebt wurde, die er verschonte.

Aneinanderreihungen, Wiederholungen
Die Verschonten liebten ihn.

Ein Politiker übrigens, ein Ehrenmann. Man hatte ihn nicht eingeladen, man hatte vergessen, ihn einzuladen. Hätte man es getan, man hätte wohl vergessen, daß er den Italiener täglich verprügelte.

Lehrer: „Pedant", „Schönschreiber", „Politiker", „Ehrenmann"
Antithese: „vergessen" ⇔ „erinnern"

Der Italiener war ein lieber Kerl. Wir mochten ihn, d. h., wir mochten ihn erst ein Jahr später, als wir zu unserem Lieblingslehrer kamen, wir mochten ihn erst, als er einen Lehrer bekam, der ihn mochte.

Als Opfer steht er außerhalb, gelangt erst in die Gruppe, als er von einem (anderen) Lehrer akzeptiert wird.
Anapher; Wiederholungen

Er ist immer noch ein lieber Kerl, und es ist etwas geworden aus ihm. Geschadet? Nach offiziellen Maßstäben wohl nicht. Aber er war jener, den wohl alle gleich erkannt haben. Man hatte es sich offensichtlich gemerkt damals, das Gesicht des Opfers.

Stilmittel der Frage – Was sind Auswirkungen für den Italiener?
„sich merken"
Italiener: „schimpft milde", „ein lieber Kerl", das „Opfer"

Es ist wohl nicht nur mir eingefallen, das Bild von damals, als wir in unseren Bänken saßen, still und aufmerksam, mit verschränkten Armen und Blick nach vorn und zuschauten, wie der Italiener verprügelt wurde, eigentlich auch zuschauten, wie wir nicht verprügelt wurden.

„einfallen"
Erzähler lässt das Bild vor den Augen des Lesenden lebendig werden.
Wiederholungen
Wortfeld: „verprügeln"

kein Unrechtsbewusstsein: weder beim Lehrer noch bei Mitschülern

Anapher und Wiederholung: „ein freundlicher Mann“

Wiederholung von „Gunst“

Wortfeld „sich erinnern“

Erzähler gesteht sich selbst ein: Er war Günstling des Tyrannen. – Erinnerung führt zur gedanklichen Aufarbeitung; Wie entsteht Faschismus?

Stilmittel der Frage: kann der Erzähler nur für sich selbst beantworten „welche“ schließt an „etwas“ (Z. 1) an

Keinem von uns wäre eingefallen, daß hier gemeines Unrecht geschah. Das Gesicht jenes Lehrers löst in mir heute keinen Schrecken aus – ein freundlicher Mann, ein mit mir freundlicher Mann. Ich weiß, daß ich damals nichts, nicht das Geringste gegen ihn hatte. Ich empfand es als Gunst, daß er mich nicht verprügelte, und er ließ sich diese Gunst mit meiner Liebe bezahlen.

Sonst erinnert uns nichts an diesen Lehrer.

Er hatte uns etwas beigebracht; Unrecht zu ertragen und Gunst anzunehmen, er hatte uns die Klassen in der Klasse beigebracht, die Schule der Faschisten.

Ob er einer war? Sicher nicht!

Ob wir welche geworden sind?

Das ist nicht festzustellen bei der Zusammenkunft der Klassen.

Aus: Peter Bichsel, Geschichten zur falschen Zeit. Kolumnen 1975–1978.

3. Phase **Erstellen Sie eine Gliederung nach den wesentlichen Kriterien der Textinterpretation und folgen Sie dabei den Schwerpunkten der Aufgabenstellung.**

Tipp: Legen Sie Ihre Gliederung in einer Tabelle an, sodass Sie Notizen zu den formalen und sprachlichen Merkmalen und den sich daraus ableitbaren Schlussfolgerungen nebeneinander schreiben können.

Arbeitsauftrag 1: Erklären Sie, welche Art von Mut in den Texten thematisiert wird.

„Bequem“ von Andrea Sailer	**„Klassenzusammenkunft“ von Peter Bichsel**
Gemeinsamkeit: Beide Texte thematisieren fehlenden Mut.	
hier: allgemein	*hier:* am konkreten Beispiel, in einer konkreten Situation
Thema: Es geht um das Untätig-Bleiben angesichts von Notsituationen anderer Menschen. *Grund:* aus Bequemlichkeit → Titelbezug	*Thema:* Es geht um das Untätig-Bleiben angesichts der Misshandlung eines Mitschülers durch einen Lehrer. *Grund:* um selbst nicht Opfer zu werden

Arbeitsauftrag 2: Untersuchen Sie die Literaturbeispiele im Hinblick auf gattungsspezifische Merkmale.

Arbeitsauftrag 3: Formulieren Sie darauf aufbauend die möglichen intendierten Aussagen.

„Bequem“ von Andrea Sailer →	**Schlussfolgerung für die Interpretation**
Besonderheiten der Gattung Lyrik: • 14 Zeilen	• Aussage in knapper Form verdichtet im Präsens → jetzt gültig
Kommunikationssituation: • Das lyrische Ich beobachtet von außen, stellt fest; „es“ als anonymisiertes Pronomen	• Es geht um niemanden Bestimmten, sondern um eine allgemein wahrnehmbare Haltung.
Sprache und Aufbau: • Refrain: „Es ist bequem“ • kurze Verszeilen – Jamben einfacher Paarreim • monotoner Rhythmus: „sich wegdrehen“ „sich umzudrehn“ usw. → Infinitive des Sich-Wegbewegens • Negationspartikel: „Nicht“ passives Verharren: „zuzuschaun“, „nicht einzugehn“	• Wiederholung bewirkt Verstärkung, Eindringlichkeit • Jeder kann das Gedicht verstehen. • kaum Abwechslung in eingeschliffenen Verhaltensmustern; „weg“ von „Unannehmlichkeiten“; Automatisierung • Negation der Menschlichkeit

„Klassenzusammenkunft“ von Peter Bichsel →	**Schlussfolgerung für die Interpretation**
Besonderheiten der Gattung Epik (Prosa): • kurzer Textausschnitt im Präsens, Perfekt und Präteritum: verschiedene Zeitebenen des Geschehens	• ein Thema, das dem Lesenden in einer für ihn vorstellbaren Situation präsentiert wird
Erzählsituation: • Ich-Erzähler erzählt im Rückblick, reflektiert aus „erwachsener“ Perspektive	• Es geht zunächst um ihn und seine Perspektive; es geht später auch um die Mitschüler, den Lehrer und allgemein um die Gemeinschaft von Menschen.

Sprache und Aufbau:	
• schlichte Sprache	• verständlich, nichts ist aufgesetzt
• häufige Fragen	• Fragen dienen dem Erzähler und beziehen uns Lesende mit ein.
• Wortfeld: „Erinnerung", „sich erinnern"	• Erinnerung hier als Schlüssel zum Verstehen
• Leerstelle „es" zu Beginn	• → „Faschisten"?
• Struktur: am Ende Rückkehr zur anfänglich gestellten Frage	
• zweimalige Negation des Zweifels wirft Zweifel auf	• der Zweifel ermöglicht Reflexion
Figurenkonstellation: Es gibt konkrete Figuren:	
• der Erzähler →	• war mitschuldig – kann dies jetzt verstehen; das Hinschauen ermöglicht hier Reflexion und das Eingeständnis von Schuld – bietet Verstehen einen Ausweg aus der Mutlosigkeit/Feigheit?
• die Mitschüler →	• „erinnern sich"
• der Lehrer →	• trägt Schuld – ist nicht da, wurde vergessen (Verdrängung?)
• der Italiener – das damalige Opfer →	• erinnert sich; „schimpft milde" – wird mit viel Sympathie beschrieben (Wiedergutmachung für vergangene Schuld?)

Arbeitsauftrag 4: Führen Sie abschließend Ihre Erkenntnisse im Vergleich zusammen.

Vergleich:	**Schlussfolgerungen für die Interpretation:**	
	„Bequem" von Andrea Sailer	**„Klassenzusammenkunft" von Peter Bichsel**
Was ist der Grund, nicht zu handeln?	„Es ist bequem."	Gunst des Lehrers bekommen
Was ist das Ergebnis?	das ist vom Leser zu erschließen – liegt hinter dem Text: Menschen erleiden Unrecht	im Kleinen: Mitläufertum in der Klasse ↓ im Großen: Faschismus im Staat
Mittäterschaft der passiven Wegschauer und der passiven Zuschauer → es betrifft: alle Menschen		

4. Phase **Verfassen Sie eine vergleichende Textinterpretation.**

Lösungsvorschlag

In Andrea Sailers Gedicht „Bequem" und Peter Bichsels Geschichte „Klassenzusammenkunft" geht es um den fehlenden Mut von Menschen, anderen in Notsituationen beizustehen. Beide Texte beklagen also mangelnde Zivilcourage. Während der lyrische Text in seiner Anklage allgemein bleibt, beschreibt Bichsel das Erlebnis eines Ich-Erzählers im Rückblick. Warum bleiben Menschen untätig, wenn sie sich schützend vor Misshandelte stellen oder einem bedürftigen Menschen helfen sollten?

Einleitung:
Autoren, Titel, Textgattungen
Welche Art von Mut wird thematisiert?

Das Gedicht beantwortet diese Frage schon in seinem Titel: Es ist „bequem". Viermal wird diese Tatsache refrainartig in den vorliegenden 14 Zeilen wiederholt. Die zehn übrigen Kurzverse zählen das bequeme Handeln in negativ besetzten Infinitvgruppen auf, welche das Wegsehen bzw. tatenlose Zuschauen, die Körperhaltungen des Wegbewegens und passiven Dastehens verbildlichen: „Nicht hinzusehn" (Z. 2), „Sich umzudrehn/ Und wegzugehn" (Z. 3 f.), „Nur dazustehn/ Und zuzuschaun" (Z. 6 f.). Durch die Wiederholung der Infinitivstruktur entsteht ein Rhythmus der monotonen Aufzählung: Dieses Handeln ist automatisiert.

Hauptteil:
Untersuchung von „Bequem"
Titel und Form des Gedichts
grammatikalische Besonderheiten

Dabei beobachtet das lyrische Ich und bleibt im Hintergrund. In Jamben, die den grammatikalischen Rhythmus aufnehmen und die Monotonie unterstreichen, spricht es sachlich vom Fehlen der Menschlichkeit.

lyrisches Ich, Rhythmus

Die Wucht des Gesagten liegt in seiner reduzierten Form, welche genauso schnörkellos ist wie der Inhalt: Das sind die Fakten. Das Augenmerk richtet sich auf das *Nicht-Handeln* (Anapher, Z. 13 f.) der Zusehenden, das Dabeistehen, das Ignorieren. Was dem Betroffenen passieren könnte, müssen wir Leser uns selbst erschließen. Hinter der Textebene liegen die Bilder derer, die uns brauchen würden: Arme, Alte, am Rande der Gesellschaft Stehende, aber auch jene, die irgendwo gerade niedergeprügelt werden, die Unrecht erleiden. Der lyrische Sprecher muss in dem Gedicht gar nicht anklagen, die Anklage liegt schlicht in der Bestandsaufnahme der unterlassenen Hilfeleistung.

Form und Inhalt des Gedichts: reduziert
erste Formulierung der Aussage

Der Ich-Erzähler von Peter Bichsels Prosatext erzählt nüchtern im Rückblick eine solche Begebenheit und analysiert dabei Umstände und Hintergründe, seine eigenen Gefühle und Handlungsmotive.

Untersuchung von „Klassenzusammenkunft"

Wenn er zu Beginn des Textausschnitts feststellt: „Es gibt keinen Anlaß, an unserer Schule zu zweifeln, wir sind etwas geworden" (Z. 1 f.), schwingt hier schon der Zweifel mit, der später noch stärker Gestalt annimmt. Das Wort „etwas", diese Leerstelle, die man gemeinhin mit einer erfolgreichen beruflichen Position füllt, wird am Ende des Textes in das Pronomen „welche"

Wortbetrachtung

(Z. 49) umgewandelt: „Ob wir welche geworden sind?“ (Z. 49) Gemeint sind „Faschisten“ (Z. 47).

Zeitstruktur

Die Zeitstrukturen in dieser Erzählung gehen fließend ineinander über. Präsens, Perfekt und Präteritum verbinden Geschehenes von früher, den Klassenabend der nun erwachsenen Zwölfjährigen und die Überlegungen des Erzählers. Ein Hauptmotiv dabei ist die Erinnerung (vgl. Z. 14 f.) – auch daran, dass ein Junge vom Lehrer täglich [!] verprügelt wurde. Die Wortfelder „sich erinnern“ und „verprügeln“ durchziehen die Reflexionen des Erzählers in immer neuen Wiederholungen, oftmals anaphorisch aneinandergereiht.

Wortfelder „sich erinnern“ und „verprügeln“

Analyse des Inhalts

Der Ich-Erzähler beschreibt jetzt, da er über Lebenserfahrung verfügt, die Dynamik des damaligen Geschehens. Die Klasse schaute zu, wie ein Mitschüler immer wieder zum Opfer eines Lehrers wurde (Z. 32 ff.) und gleichzeitig, wie sie „nicht verprügelt“ (Z. 38) wurde. Zwar erinnert das „Zuschauen“ an Sailers Gedicht, jedoch unterlassen hier die Mitschüler als anonyme Körperschaft Hilfestellung nicht aus Bequemlichkeit, sondern aus der Genugtuung heraus, selbst nicht Opfer zu sein. Diese nimmt den Schülern die Angst. Der Erzähler gibt in seiner erwachsenen Ehrlichkeit zu, dass er seinen Lehrer sogar *liebte*, weil er sich von ihm *begünstigt* fühlte (Z. 43 f.). Die „Gunst“ (Z. 43 f., 46) wird spätestens hier als Motor des Faschismus entlarvt, der schon im Kleinen funktioniert, wenn die Schüler lernen, „Unrecht zu ertragen und Gunst anzunehmen“ (Z. 46).

erster Interpretationsansatz

kurze Figurenanalyse

Im Gegensatz zum Gedicht „Bequem“ haben die Figuren in der Erzählung ein Gesicht. Der Italiener – „ein lieber Kerl“ (Z. 23) –, der Ich-Erzähler, die Mitschüler und der Lehrer, ein „begeisterte[r] Pedant“ (Z. 17) und „Ehrenmann“ (Z. 20), spielen die Rollen stellvertretend für das Opfer, die Mittäter und den Haupttäter. Die jenem zugeschriebenen Begriffe verraten: Der Mann verbirgt die Fratze des Lumpen hinter einem „ehrenwerten“ Auftreten. Die späte Einsicht des Protagonisten gibt jedoch Hoffnung.

Schluss:

Interpretation und Vergleich

Andrea Sailer begründet in ihrem Gedicht fehlende Zivilcourage mit der Haltung der Bequemlichkeit. Peter Bichsel erweitert das Konzept durch sein konkretes Beispiel, das uns zeigt, wie scheinbar Unschuldige in Wirklichkeit Täter sein können. In beiden Texten steht diese Mittäterschaft desjenigen, der Hilfe unterlässt, im Scheinwerferlicht. Bichsels Erzählung verweist noch auf die höhere Ebene des Staates und spiegelt: Was im Kleinen (Schulklasse) passiert, kann sich auch im Großen (Gesellschaft) ereignen. Das System ist das gleiche.

Aufgabe: Verfassen Sie eine Textanalyse von nicht-linearen Texten.

Situation

Für ein Projekt im Unterrichtsfach Geografie und Wirtschaftskunde untersuchen Sie die wirtschaftliche und soziale Stellung Österreichs im europäischen Vergleich.

Arbeitsanweisung

Studieren Sie die vier Grafiken von Statistik Austria zu „Konsum der privaten Haushalte“ und „Materielle Lebensbedingungen“ und bearbeiten Sie anschließend die folgenden Arbeitsaufträge.

- Beschreiben Sie Gestaltungselemente der vorliegenden Grafiken.
- Analysieren Sie die Grafiken.
- Beurteilen Sie die Situation Österreichs im internationalen Vergleich.

Wortanzahl: 405–495

Textbeilage 1

Konsum der privaten Haushalte

Konsum der privaten Haushalte nach dem Verbrauchskonzept im internationalen Vergleich, pro Kopf, laufende Preise, in Kaufkraftstandards (AT = 100)

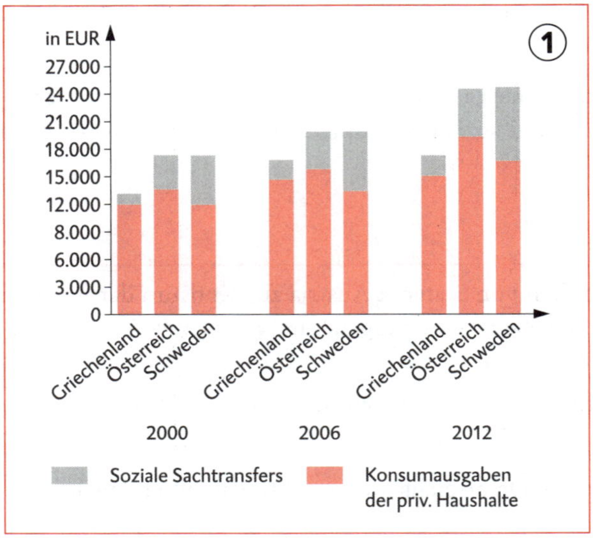

Quelle: Eurostat; erstellt am 17. 07. 2013

Legende für Grafik 1 und 2

- *AT = 100:*
  Kaufkraft ausgehend vom tatsächlichen Preisniveau in Österreich
- *KKS:*
  Kaufkraftstandards; die Preisniveaus unterschiedlicher Staaten wurden „bereinigt", zeigen also die wirkliche Kaufkraft im internationalen Vergleich → „bereinigte Eurosummern" = Wie hoch wäre meine Kaufkraft, wären die Preise in allen Ländern gleich?
- *Pro Kopf:*
  ein privater Haushalt = Einzelperson
- *Soziale Sachtransfers:*
  Leistungen, die ein Staat seinen Bürger/innen als nicht-monetäre Leistungen zur Verfügung stellt

Konsum pro Kopf, laufende Preise im EU-Vergleich (KKS)

Textbeilage 2

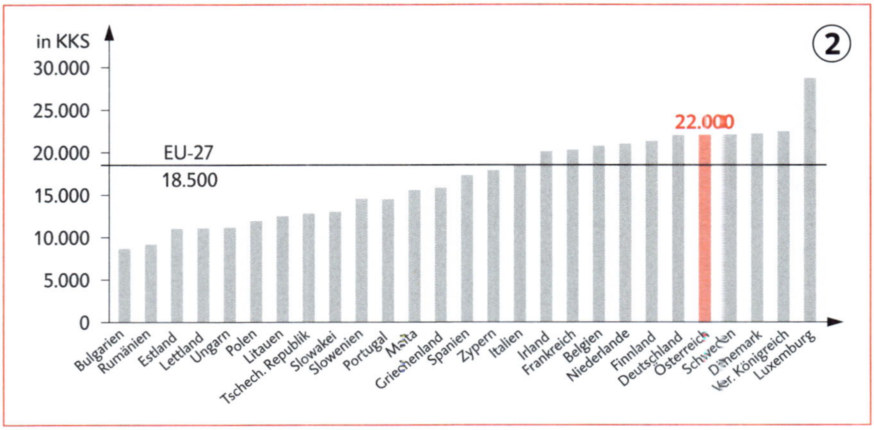

Quelle: Eurostat; erstellt am 31. 01. 2014
https://www.statistik.at/web_de/statistiken/wie_gehts_oesterreich/materieller_wohlstand/03/index.html

Materielle Lebensbedingungen

Textbeilage 3

Armuts- oder Ausgrenzungsgefährdung nach Geschlecht (in 1.000)

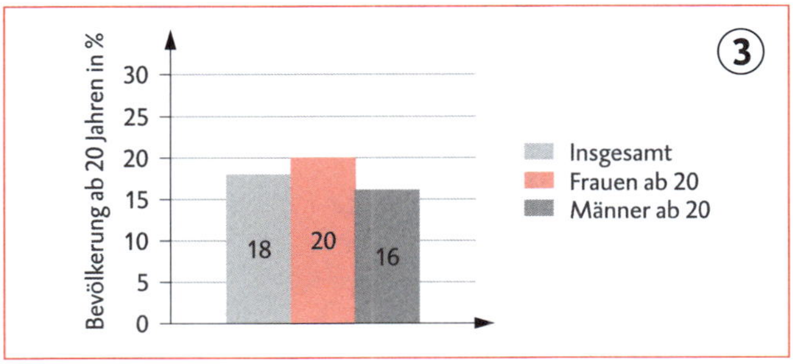

Quelle: Statistik Austria, EU-SILC 2012; erstellt am 20. 01. 2014

Textbeilage 4 **Armuts- oder Ausgrenzungsgefährdung im EU-Vergleich**

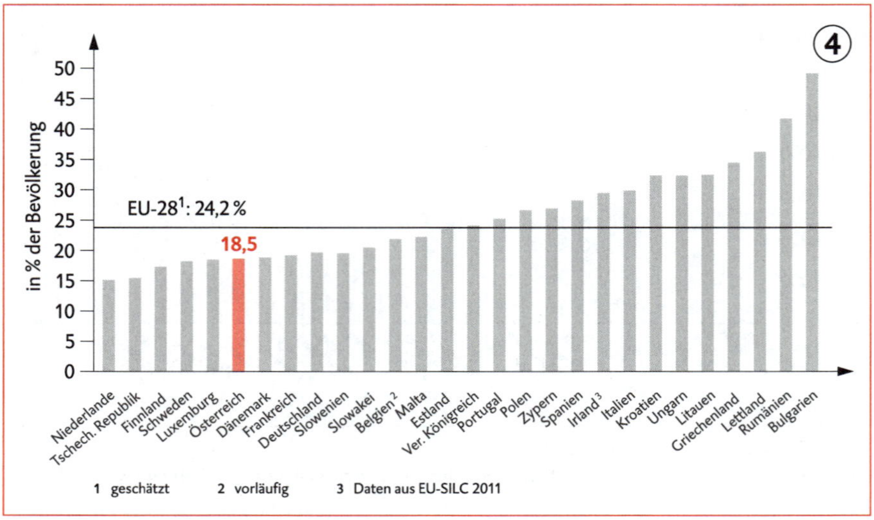

Quelle: Eurostat, EU-SILC 2012 ; erstellt am 20. 01. 2014
https://www.statistik.at/web_de/statistiken/wie_gehts_oesterreich/lebensqualitaet/06/index.html

Mögliche Vorgehensweise

Klären Sie die Anforderungen der Aufgabenstellung. **1. Phase**

Lesen Sie zunächst genau die Aufgabenstellung. Stellen Sie sich dann folgende Fragen und beantworten Sie sie in Stichworten auf einem Notizzettel:

- In welcher **Rolle/Funktion** schreibe ich?
- Für wen schreibe ich? Wer sind meine **Adressaten**?
- Welche Kriterien erfüllt die **Textsorte „Textanalyse eines nicht-linearen Textes“**?
- Welche **Schwerpunkte** soll meine Textanalyse beinhalten?
- Was genau verlangen die **Operatoren**?

Erschließen Sie die nicht-linearen Texte. **2. Phase**

Studieren Sie die Grafiken 1 bis 4 genau und fertigen Sie Notizen auf einem Stichwortzettel zu deren grafischer Gestaltung und Aussagen an.

Erstellen Sie eine Gliederung nach den wesentlichen Kriterien der Textanalyse und folgen Sie dabei den Schwerpunkten der Aufgabenstellung. **3. Phase**

Verfassen Sie eine Textanalyse. **4. Phase**

Schritt für Schritt zur Lösung

1. Phase **Klären Sie die Anforderungen der Aufgabenstellung.**

- *In welcher Rolle/Funktion schreibe ich? Wer sind meine Adressaten?*
  Mein Schreibauftrag ist sachlich und textbezogen und ich habe außer Mitschüler/innen und Lehrpersonen keine spezielle Adressatengruppe. Mit meiner Arbeit beweise ich die Fähigkeit, Grafiken zu verbalisieren und auszuwerten.
- *Welche Kriterien erfüllt die Textsorte „Textanalyse eines nicht-linearen Textes“?*

Kriterien einer Textanalyse eines nicht-linearen Textes

a Die **Art der Grafik(en)** benennen, indem Sie zwischen Tabellen und folgenden Diagrammen unterscheiden:

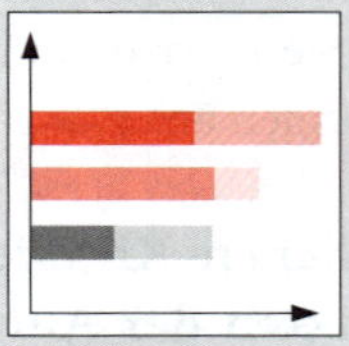
Balkendiagramm

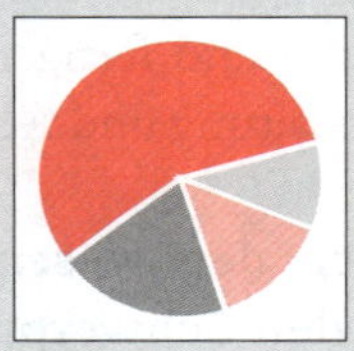
Kreisdiagramm

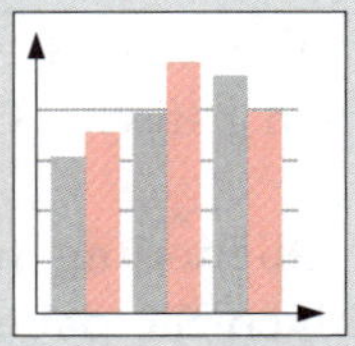
Säulendiagramm

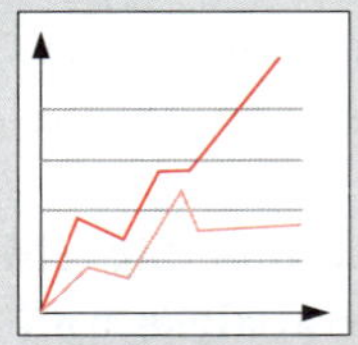
Linien-/Kurvendiagramm

b Teile der **Grafik(en) beschreiben**, z. B.:
- Farbgebung (falls relevant)
- Länge der Balken, Anordnung der Säulen
- Sektoren
- x-Achse (horizontal) und y-Achse (vertikal)
- Verlauf der Linien und Kurven
- Prozent- und Zahlenangaben
- Überschriften und andere Textelemente

c Den grafisch **dargestellten Sachverhalt** in Worten verständlich **formulieren:**
Dazu müssen die eventuell vorhandenen Zahlenwerte mit den grafischen Elementen in einen logisch nachvollziehbaren Zusammenhang gebracht werden und dieser muss verständlich in „Sprache“ übersetzt werden.

d Sich in einem **sachlichen Stil** präzise ausdrücken, z. B.:
- Nominalstil verwenden
- attributiv gebrauchte Adjektive sachbezogen einsetzen
- Prozentzahlen in Worten ausdrücken
- neutralen Konstruktionen den Vorzug geben: „man“, Einsatz des Passivs; den Nomen, welche zum Sachthema gehören, Verben zuordnen, die Tätigkeiten ausdrücken: z. B. das Säulendiagramm *veranschaulicht*, die Grafiken *geben Einblick*

e Die **Aussagen** der Grafik festhalten, jedoch nicht beurteilen, bewerten, kommentieren oder erklären, was hinter diesen steckt:
Verzichten Sie auf eine Reflexion der Gründe, die zum dargestellten Sachverhalt geführt haben. (Dies würde zu einer anderen Textsorte weiterführen: zum Beispiel Interpretation oder Kommentar.)

- *Welche Schwerpunkte soll meine Textanalyse beinhalten?*
  Diese richten sich nach den Unterpunkten der Aufgabenstellung.
- *Was genau verlangen die Operatoren?*
  a **„Beschreiben Sie** …“: Bei linearen Texten zielt dieser Operator auf eine Art Zusammenfassung ab. Hier wird verlangt, dass die für das Verständnis wichtigen Elemente für jemanden, der die Grafik nicht vor sich liegen hat, vorstellbar werden. Bedienen Sie sich dazu – wenn möglich – eines Fachvokabulars.
  b **„Analysieren Sie** …“: Es sollen die einzelnen Teilaussagen der Grafik in Worte gefasst und zueinander in Beziehung gesetzt werden. Die Analyse trägt zum Verständnis der Aussage wesentlich bei.
  c **„Beurteilen Sie** …“: Nun ziehen Sie eine wertende Schlussfolgerung aus den Aussagen der einzelnen Grafiken in Bezug auf die wirtschaftliche Stellung Österreichs im internationalen Vergleich. Die Beurteilung gibt Antwort auf die folgenden Fragen:
    - Steht Österreich im internationalen Vergleich in Bezug auf die Bereiche „Konsum der privaten Haushalte“ und „materielle Lebensbedingungen“ seiner Bürger/innen eher gut, mittelmäßig oder schlecht da?
    - Wie sieht die finanzielle Lage der meisten Österreicher/innen aus? Sind sie arm, reich, …?

2. Phase

Erschließen Sie die nicht-linearen Texte.

Orientieren Sie sich bei der Erschließung der vier Grafiken an den Kriterien für eine Textanalyse von nicht-linearen Texten.

a) Die Art der Grafiken benennen: Säulendiagramme

b) Teile der Grafiken beschreiben:

Anmerkung: Diese detaillierte Auflistung der Grafikbausteine dient hier zur Übung des genauen Hinschauens, nur wesentliche Teile können jedoch in die Textanalyse selbst aufgenommen werden.

„Konsum der privaten Haushalte“

GRAFIK 1:

- Farbgebung: Säulen rot und grau (neben den konkreten Konsumausgaben werden hier auch sogenannte soziale Sachtransfers herangezogen)
- x- und y-Achse:
  - Die roten Teilstücke der Säulen (ausgehend von der x-Achse) verdeutlichen, wie viel Geld tatsächlich pro Kopf zum Erwerb von Gütern ausgegeben wurde; die grauen Teilstücke zeigen, wie viel an sozialen Sachtransfers – vom jeweiligen Staat zur Verfügung gestellt – konsumiert wurde. Die gesamte Säule stellt die Höhe der durchschnittlichen Konsumausgaben an Geld- und Sachleistungen dar.
  - Zahlenwert an der y-Achse: Euro
  - Länderbezeichnungen zu den entsprechenden Säulen an der x-Achse, darunter Jahreszahlen
- Textelemente:
  - „Pro Kopf“: entspricht einer Einzelperson
  - „AT = 100“: Hier ist das Preisniveau in Österreich gemeint, bezeichnet also die Kaufkraft im eigenen Land (der Österreicher in Österreich, der Griechen in Griechenland usw.).
  - „soziale Sachtransfers“:
    Es werden nicht-monetäre staatliche Leistungen berücksichtigt, z. B. Schulbücher, die Schülerfreifahrt, Medikamente, das Pflegewesen und jeder Arztbesuch.

GRAFIK 2:

- ähnliches Konzept wie bei Grafik 1, doch hier Österreich als hervorgehobene Säule inmitten *aller* EU-Staaten
- Rolle sozialer Sachtransfers? Nicht ersichtlich
- Textelement „Konsum pro Kopf, laufende Preise im EU-Vergleich (KKS)“: „KKS“ = Kaufkraftstandards; mit anderen Worten: Wie groß wäre die Kaufkraft einer österreichischen Person, wären in ganz Europa alle Güter gleich teuer bzw. billig?

„Materielle Lebensbedingungen“

GRAFIK 3:

- Farbgebung: drei Säulen = drei Farben
  - hellgrau = „insgesamt“
  - rot = „Frauen ab 20“
  - dunkelgrau = „Männer ab 20“

- x- und y-Achse / Prozent- und Zahlenangaben:
  - jeweils eine Zahl zur Verdeutlichung in der Säule
  - y-Achse: Prozentzahlen der betroffenen Menschen ab 20
- Textelemente: Farben und Säulen zeigen die „Armuts- und Ausgrenzungsgefährdung nach Geschlecht (in 1 000)"

GRAFIK 4:

- Farbgebung / Anordnung der Säulen:
  - Österreich als rote Säule im Ländervergleich (hellgrau)
  - Säulen steigen von links nach rechts verlaufend an
  - *hier*: je niedriger die Säule, desto geringer die Armutsgefährdung
- x- und y-Achse / Prozent- und Zahlenangaben:
  - Parallel zur x-Achse und rechtwinklig zur y-Achse verläuft eine Mittelwertlinie, die den EU-Durchschnitt kennzeichnet.
  - y-Achse: Prozentzahlen der Bevölkerung (in 5er-Schritten)
- Textelement „Armuts- oder Ausgrenzungsgefährdung im EU-Vergleich"

c) Die grafisch dargestellten Sachverhalte in Worten verständlich formulieren:

GRAFIK 1:

Schweden und Österreich liegen insgesamt betrachtet 2012 an gleicher Stelle (ca. 24 000 €). Während Österreichs Durchschnittsbürger ca. 19 500 € an Konsumausgaben hat, liegt dieser Betrag in Schweden nur bei ca. 17 500 €. Ein deutlicher Unterschied wird bei den sozialen Sachtransfers sichtbar: In Österreich ergeben diese eine Summe von etwa 4 500 €, in Schweden jedoch 6 500 €. In Griechenland sind die Zahlen für den privaten Konsum wesentlich niedriger und im Vergleich zu 2000 und 2006 kaum gestiegen – wohl aber in Schweden und Österreich.

GRAFIK 2:

Ein Österreicher wendet durchschnittlich ca. 22 000 € pro Jahr für Konsumausgaben auf; hier liegt Schweden knapp vor Österreich.

GRAFIK 3:

Fast ein Fünftel der Österreicher/innen sind armutsgefährdet; Frauen mehr als Männer: 20 von 100 Österreicherinnen!

GRAFIK 4:

Österreich liegt bei der Armuts- und Ausgrenzungsgefährdung europaweit an sechster Stelle und damit deutlich unter dem Durchschnitt von 24,2 %.

d) Sich in einem sachlichen Stil präzise ausdrücken:

- sachbezogener Einsatz von attributiv gebrauchten Adjektiven, z. B.:
  - *horizontaler* Rand
  - *tatsächliches* Preisniveau
  - *unterschiedliche* Ausgaben
  - *europäischer* Ländervergleich
  - *ähnliches* Bild
  - *entsprechende* Prozentzahlen
- Prozentzahlen in Worten ausdrücken, z. B.:
  - weniger als ein Fünftel der Bevölkerung
  - die Hälfte der Menschen
- Verknüpfung der Nomen mit veranschaulichenden Verben, z. B.:
  - die Grafiken geben Einblick
  - die Grafik zeichnet ein Bild
  - die Grafik gibt Auskunft über
  - Säulendiagramme liegen vor
  - Die Eurowerte gehen von … aus
  - das Säulendiagramm zeigt
  - Schweden schneidet besser ab

e) Aussagen der Grafiken:

- Österreich ist im Vergleich zu anderen Ländern reich.
- Ein weit überwiegender Teil der Menschen kann wirtschaftlich gesehen am sozialen Leben teilnehmen.
- Frauen sind von Armut und Ausgrenzung stärker bedroht als Männer.

Anmerkung: Hier wäre es auch wichtig, sich über die Begriffe „Armutsgefährdung“ und „Ausgrenzungsgefährdung“ Gedanken zu machen bzw. diese klar zu definieren.

Erstellen Sie eine Gliederung nach den wesentlichen Kriterien der Textanalyse und folgen Sie dabei den Schwerpunkten der Aufgabenstellung. 3. Phase

Gliederung auf Grundlage der Notizen zur Erschließung:

a **Einleitung:**
Legen Sie kurz dar, worum es geht und worauf Sie sich beziehen: Grafiken von Statistik Austria zur wirtschaftlich-gesellschaftlichen Situation der Österreicher/innen

b **Hauptteil:**
- Beschreibung der grafischen Gestaltung von Grafik 1
- vergleichende Beschreibung von Grafik 2
- Aussagen der beiden Grafiken 1 und 2: relativ hohe Konsumausgaben eines österreichischen Haushalts
- Beschreibung der grafischen Gestaltung und Aussage von Grafik 3: Frauen etwas stärker von Ausgrenzung und Armut gefährdet als Männer
- Beschreibung von Grafik 4 und deren Aussage: relativ geringe Armutsgefährdung in Österreich

c **Schluss:**
Ziehen Sie Schlussfolgerungen aus Ihrer Analyse der Grafiken und beurteilen Sie deren wesentliche Aussagen: Österreich als ein im Vergleich reicher EU-Staat; hohe Chancen auf Teilhabe am sozial-wirtschaftlichen Leben

Verfassen Sie eine Textanalyse. 4. Phase

Lösungsvorschlag

knappe Einleitung: *Zweck der Grafiken*

Die von Statistik Austria auf ihrer Homepage veröffentlichten Grafiken geben Interessierten Einblick in die materielle Situation der Österreicher/innern.

Hauptteil: *„Konsum der privaten Haushalte"* *Beschreibung von Grafik 1*

Unter der Überschrift „Konsum der privaten Haushalte" liegen zwei Säulendiagramme vor. Die Zahlenwerte entlang der y-Achsen der beiden Grafiken drücken jeweils die Kaufkraft der Haushalte in Euro aus. Die x-Achse in Grafik 1 führt drei verschiedene Länder, Griechenland, Österreich und Schweden, im Dreijahresvergleich auf. Deren Konsumausgaben sind durch rot-graue Säulen dargestellt. Die roten Teilstücke zeigen, wie viel Geld tatsächlich pro Kopf zum Erwerb von Gütern ausgegeben wurde, die grauen Teilstücke, wie viel an sozialen Sachtransfers – also vom jeweiligen Staat zur Verfügung gestellte nicht-monetäre Leistungen – konsumiert wurde. Etwas verwirrend erscheinen auf den ersten Blick die Bezeichnungen „private Haushalte" und „pro Kopf" – „private Haushalte" werden hier wie Einzelpersonen gehandhabt.

Grafik 2: Beschreibung und Vergleich mit Grafik 1

In Grafik 1 gehen die Eurosummen vom tatsächlichen Preisniveau in Österreich („AT = 100") aus: Die Preise in Österreich dienen folglich als Grundkomponente, mit der diejenigen in Schweden und Griechenland in Beziehung gesetzt werden. Dagegen bezeichnen in Grafik 2 die Eurowerte die „Kaufkraftstandards" (KKS), d. h. die „wirkliche" Kaufkraft in einem Land. Diese Summen wurden also „bereinigt": Man tut so, als wären die Preise in allen Ländern gleich, um so den internationalen Vergleich überhaupt zu ermöglichen. Aus der unterschiedlichen Skalierung erklären sich die verschiedenen Werte für die Ausgaben eines privaten österreichischen Haushaltes in Grafik 1 und 2.

„bereinigte Eurosummen": Wie hoch wäre meine Kaufkraft, wären die Preise in allen Ländern gleich?

Aussagen der beiden Grafiken: *relativ hohe Ausgaben eines österreichischen Haushalts*

Das erste Säulendiagramm zeigt, dass ein österreichischer Haushalt 2012 durchschnittlich Produkte und Dienstleistungen im Wert von ca. 24 000,– € konsumiert und damit weit vor Griechenland, jedoch an gleicher Stelle mit Schweden liegt. Hierbei fällt auf, dass Österreichs Durchschnittsbürger ca. 19 500 € an Konsumausgaben tätigt, während in Schweden dieser Betrag nur ca. 17 500 € ausmacht. Die „sozialen Sachtransfers" sind in Schweden mit 6 500 € deutlich höher. Im Vergleich zu den Jahren 2000 und 2006 sind die Ausgaben insgesamt in Österreich und Schweden kontinuierlich, in Griechenland jedoch kaum bzw. nicht gestiegen.

Österreich im Ländervergleich

Ein ähnliches Bild zeichnet Grafik 2 für 2013. Österreich liegt erneut im Spitzenfeld. Ein Österreicher wendet im EU-Durchschnitt pro Jahr ca. 22 000,– € auf. Schweden schneidet hier im europäischen Ländervergleich etwas besser ab als Österreich, während die Zahlen von Grafik 1 Österreich bei den Konsumausgaben pro Kopf vorne sieht. Und Menschen in Luxemburg geben laut der Statistik am meisten Geld für Güter aus.

„Materielle Lebensbedingungen"

Die zwei Grafiken zum Thema „Materielle Lebensbedingungen" liegen ebenfalls in Rot- und Grautönen vor.

Grafik 3: Beschreibung

Drei Säulen verdeutlichen in Grafik 3, von der x-Achse ausgehend, den Anteil armutsgefährdeter Personen ab 20 Jahren in Österreich: Insgesamt sind es etwas weniger als ein Fünftel der Gesamtbevölkerung, wobei Frauen die von Armut stärker bedrohte Gesellschaftsgruppe darstellen: 20 von 100 Personen sind hier betroffen. Bei den Männern sind es nur 16 von 100. Die entsprechenden Prozentzahlen von 0 bis 30 sind an der y-Achse in Fünferschritten angegeben.

Grafik 4: Beschreibung und Aussage; Österreich im Ländervergleich

Grafik 4 zeigt Österreich als rot hervorgehobene Säule im EU-Vergleich: In einem Ranking der 28 Staaten liegt es mit einer Armutsgefährdung seiner Bevölkerung von 18,5 Prozent an sechster Stelle und damit deutlich unter dem Durchschnitt von fast einem Viertel. Im Vergleich dazu schneidet Holland mit 15 Prozent am besten und Bulgarien am schlechtesten ab: Hier ist fast die Hälfte der Menschen von Armut bedroht.

Schluss:

Schlussfolgerung und Beurteilung

Die Statistiken weisen Österreich als einen reichen EU-Staat aus, in welchem einem Großteil der Bevölkerung die Teilnahme am wirtschaftlich-sozialen Leben möglich ist. Die Gründe für den relativen Reichtum Österreichs einerseits und die leichte Benachteiligung von Frauen andererseits gehen aus diesen Statistiken nicht hervor.

Aufgabe: Verfassen Sie eine Empfehlung.

Situation

Das österreichische Online-Jugendportal lädt unter der Rubrik „Mobilität & Reisen" Maturanten und Maturantinnen ein, Angebote verschiedener Anbieter von Sprachreisen für andere Jugendliche (Alter: 13–17) zu analysieren und diese Ergebnisse in Form einer Empfehlung auf der Website *www.oesterreichisches-jugendportal.at* zu veröffentlichen.

Arbeitsanweisung

Studieren Sie zunächst die Katalogseiten zu den Sprachreisen nach Malta bzw. Galway und bearbeiten Sie dann die folgenden Arbeitsaufträge:

- Fassen Sie wesentliche Inhalte des Werbematerials zusammen.
- Analysieren Sie Gestaltungsmittel der Prospektseiten, die für Ihre Wahl von Bedeutung sind.
- Bewerten Sie das Ihnen attraktiver erscheinende Angebot, indem Sie auch das andere in Ihre Überlegungen mit einbeziehen.
- Geben Sie eine Empfehlung für eine der vorliegenden Sprachreisen ab.

Wortanzahl: 405 - 495

Textbeilage 1

Katalogseite Galway

Auch abends bieten sich viele Gelegenheiten, Spaß zu haben und gleichzeitig Englisch zu sprechen: z. B. bei einem vom Betreuungspersonal der Schule organisierten Besuch eines Windhundrennens. Dir bleibt aber auch Zeit, mit deinen neuen Freunden die Badestrände oder das quirlige Stadtzentrum zu erkunden. Dort laden bezaubernde kleine Läden zu einem Einkaufsbummel ein und im Sommer machen die Musiker und Künstler auf den Straßen die Stadt noch abwechslungsreicher und anziehender.

Wochenprogramm

	Montag	Dienstag	Mittwoch	Donnerstag	Freitag	Samstag	Sonntag
Morgen	Unterricht	Unterricht	Unterricht	Unterricht	Unterricht	Exkursion zu den *Cliffs of Moher*	Freizeit
Nachmittag	Unterricht dann Fußball	Unterricht dann-Schatzsuche	Unterricht dann Tanzen	Unterricht dann Basketball	Unterricht Freizeit		
Abend	Disco	Bowling	optionale Aktivität	Windhundrennen	freier Abend	optionale Aktivität	Film

Sprachunterricht

Der Sprachkurs findet entweder auf dem Campus der National University of Ireland oder des Galway and Mayo Institute of Technology (GMIT) statt. Ein Team aus erfahrenen Lehrern und Betreuern wird sich darum kümmern, dass du Englisch in einem authentischen Rahmen lernst und gleichzeitig Irland entdeckst. Wir ermöglichen dir, modernen und effektiven Unterricht mit verschiedenen Freizeitaktivitäten zu kombinieren. Die 28 Lektionen von je 45 Minuten pro Woche finden am Morgen und am Nachmittag statt. Zu Beginn werden alle Schüler entsprechend ihrem Sprachniveau in Klassen eingeteilt (Grundstufe bis Fortgeschrittene). Engagierte Lehrkräfte, die viel Erfahrung im Unterrichten ihrer Mutter-

STARK Sprachreisen

sprache haben, helfen dir, rasch Fortschritte zu erzielen. Der Kurs ist so aufgebaut, dass du in kleinen Klassen (max. 15 Schüler) schnell und fließend Englisch sprechen lernst.

Unterkunft

Die Unterbringung bei einer Gastfamilie ist eine unvergessliche Erfahrung: So lernst du das typische Alltagsleben und die Gewohnheiten einer irischen Familie kennen. Den Schulweg wirst du mit dem Bus zurücklegen (ca. 30 Min.). Du erhältst Vollpension und wohnst in einem Zweibettzimmer zusammen mit einem Schüler einer anderen Muttersprache. Die Jugendlichen haben auch die Möglichkeit, in einem modernen und komfortablen Wohnkomplex entweder auf dem Campus der National University of Ireland oder des Galway and Mayo Institute of Technology (je nach Kurseinteilung) zu wohnen. In verschiedenen Wohnungen, die regelmäßig gereinigt werden, sind je 4 – 5 Schüler in Zweibett- oder Einzelzimmern untergebracht. Du erhältst Vollpension und nimmst alle Mahlzeiten in der Schulkantine ein.

Freizeitangebot

Nach dem Unterricht und an den Wochenenden hast du die Möglichkeit, an einer Vielzahl von Freizeitaktivitäten teilzunehmen. Diese werden von den englischsprachigen Betreuern organisiert und begleitet. Es ist

STARK Sprachreisen

für jeden Geschmack etwas dabei! Nimm z. B. an einer Schatzsuche in der Stadt oder einem Windhundrennen teil, besuche kulturelle Workshops oder probiere die typisch irischen Sportarten Gaelic Football oder Hurling aus. Auch die beliebten Karaoke-, Disco- und Kinoabende sind perfekte Gelegenheiten, um neue Freunde aus aller Welt kennenzulernen und mit ihnen Englisch zu sprechen. Bei so viel Abwechslung kommt garantiert keine Langeweile auf – auch nicht an den Wochenenden! Entdecke bei einem Tagesausflug z. B. die wunderschöne Landschaft von Connemara, die Hauptstadt Dublin oder erkunde die Aran Islands auf dem Fahrrad.

Überblick über Termine und Preise in EUR

Kursdauer	Kursbeginn	Preis: Kurs + Gastfamilie	Preis: Kurs + Wohnheim
2 Wochen	29.06. / 06.07. / 13.07. / 20.07. / 27.07. / 04.08.	1760,- Euro	1890,- Euro
3 Wochen	29.06. / 06.07. / 13.07. / 20.07. / 27.07.	2609,- Euro	2789,- Euro
4 Wochen	29.06. / 06.07. / 13.07. / 20.07.	3429,- Euro	3709,- Euro

Im Preis inbegriffen:

- Englischkurs (28 Lektionen zu je 45 Min. pro Woche)
- Aufenthaltstaxen, Schülerausweis und Stadtplan
- Unterkunft bei Gastfamilie bzw. im Wohnheim (mit Vollpension)
- Betreuung durch englischsprachige Lehrer und Betreuer
- vielfältiges Freizeitprogramm (Veranstaltungen, Ausflüge, Sport)
- Kursmaterial und -zertifikat

Zusatzkosten

Flughafentransfer Dublin – Galway (Bus hin und zurück)	160,- Euro
Busabonnement (Gastfamilie, 2 Wochen)	40,- Euro
Busabonnement (Gastfamilie, 3 Wochen)	50,- Euro
Busabonnement (Gastfamilie, 4 Wochen)	65,- Euro
Kaution (Wohnheim)	150,- Euro

STARK Sprachreisen

Katalogseite Malta

Textbeilage 2

Du möchtest dein Englisch verbessern und einen Strandurlaub und Spaß haben? Dann verbringe deinen Sommer auf der Mittelmeerinsel Malta mit Meer, Sonne, Strand und idealen Temperaturen zum Baden und Tauchen. Die Insel gehörte bis zum Jahr 1964 zum Britischen Empire und nach wie vor ist Englisch die Amtssprache auf Malta. Englisch begegnet dir hier also überall! Gleichzeitig findest du in Valletta der Hauptstadt Maltas, bunte Wochenmärkte, kleine Restaurants und Cafés sowie eine beeindruckende Architektur. Nach dem Unterricht warten viele spannende Ausflüge auf dich, z. B. zur Nachbarinsel Gozo, welche du am besten mit dem Fahrrad erkundest. Und am Abend kannst du Zeit mit deinen neuen Freunden bei Partys oder Filmen verbringen.

Kursangebot

Die Kursteilnehmer werden ausschließlich von erfahrenen muttersprachlichen Lehrern unterrichtet. Schon nach kurzer Zeit wirst du dich mit ihnen, den anderen Schülern und Einheimischen ungezwungen auf Englisch unterhalten! Der Unterricht dauert 180 Minuten pro Tag. Zu Beginn erfolgt die Einteilung in verschiedene Niveaustufen entsprechend deiner Sprachkenntnisse. Dadurch kann nicht garantiert werden, dass der Nationalitätenmix in den einzelnen Klassen immer ausgewogen ist. Jede Kursgruppe setzt sich aus max. 15 Schülern zusammen.

Freizeitmöglichkeiten

Verbringe gemeinsam mit Schülern aus unterschiedlichsten Ländern deine Nachmittage z. B. im schuleigenen Beach Club, erkunde das Landesinnere und Städte wie Mdina und Rabat oder genieße ein Eis in einem der schattigen Cafés in Valletta.

Sprachreisen

Auch abends kannst du internationale Freunschaften knüpfen: Nimm an den angebotenen Disco- und Karaoke-Nächten teil oder gestalte die Abende zur freien Verfügung nach deinen Vorstellungen. In den Kurskosten sind bereits viele Sport-und Freizeitaktivitäten enthalten.

Zusätzlich kannst du noch aus folgendem Angebot wählen: Segeln, Kitesurfen, Windsurfen: Sportgeräte können vor Ort gemietet werden. Flaschentauchkurs: 8 Lektionen Tauchkurs mit PADI-Zertifikat für Anfänger oder Fortgeschrittene € 350,–.
Bei der Buchung hilft dir gerne dein Kursleiter.

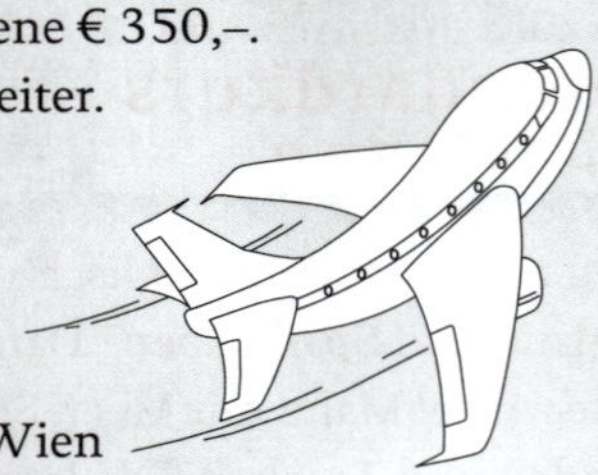

Im Preis inbegriffen:
Reise: € 269,–
- Fluggebühren
- (betreute) Direktflugreise Malta ab/bis Wien

Aufenthalt: € 1.240,–
- Flughafentransfers (hin/zurück) in Malta
- Unterkunft: Doppel- oder Mehrfachunterbringung bei ausgewählten Gastfamilien (inkl. Vollverpflegung)
- Betreuung durch Schule, Guides und Gastfamilien
- Unterricht: Standardkurs, Mo bis Fr, täglich 180 Min.
- Freizeit: Ausflüge, Nachmittags- und Abendaktivitäten
- Kursmaterial und -diplom

Kursnummer	Termine	Tage	Preis: Aufenthalt + Reise
1391	12. 07. – 26.07.	15	1509,00 Euro
1392	12. 07. – 02.08.	22	1873,00 Euro
1393	02. 08. – 16.08.	15	1509,00 Euro
1394	02. 08. – 23.08.	22	1873,00 Euro
1395	09. 08. – 23.08.	15	1509,00 Euro

Sprachreisen

Mögliche Vorgehensweise

Klären Sie die Anforderungen der Aufgabenstellung. 1. Phase

Lesen Sie die Aufgabenstellung genau. Stellen Sie sich dazu die folgenden Fragen und beantworten Sie diese in Stichworten.

- In welcher **Rolle/Funktion** schreibe ich? Für wen schreibe ich? Wer sind meine **Adressaten**?
  Hinweis: Diese Überlegungen sind für die Textsorte „Empfehlung" besonders wichtig!
- Welche Kriterien erfüllt die **Textsorte „Empfehlung"**?
- Welche **Schwerpunkte** soll meine Empfehlung beinhalten?
- Was genau verlangen die **Operatoren**?

Erschließen Sie das Text- und Bildmaterial der Katalogseiten. 2. Phase

Studieren Sie die Prospektseiten genau und notieren Sie sich Wichtiges bzw. Auffälliges zum **Inhalt** und zur **Gestaltung**. Halten Sie dabei z. B. die wesentlichen Informationen zu Altersgruppe, Sprachreiseziel (Stadt/Land), Sprachkurs bzw. Unterricht, Unterkunft, Freizeitangebot, Preisen und Terminen fest.

Erstellen Sie eine Gliederung nach den wesentlichen Kriterien der Empfehlung und folgen Sie dabei den Schwerpunkten der Aufgabenstellung. 3. Phase

Verfassen Sie eine Empfehlung. 4. Phase

Schritt für Schritt zur Lösung

1. Phase **Klären Sie die Anforderungen der Aufgabenstellung.**

- *In welcher Rolle / Funktion schreibe ich? Für wen schreibe ich? Wer sind meine Adressaten?*
  Für die Lösung dieser Aufgabenstellung befinde ich mich als Maturant/Maturantin in einer Art Beratungsfunktion für jüngere Schüler/innen, welche eine Sprachreise ins Auge fassen. Daraus ergibt sich eine mögliche Anrede des/r Adressaten mit „du" bzw. „ihr" und unter Umständen – es ist in der Aufgabenstellung nicht explizit gefordert – ein Einbringen persönlicher Erfahrungen. Ihr Schreibstil bedient sich einer sachlichen, jedoch nicht zu komplexen Sprache. Ziel der Empfehlung ist es, meine Adressaten bei ihrer Entscheidung zu unterstützen.
- *Welche Kriterien erfüllt die Textsorte „Empfehlung"?*

Merkmale der Empfehlung

Folgende **Schreibhaltungen** fließen in die Empfehlung ein:
- Zusammenfassen/Beschreiben
- Analysieren
- Interpretieren
- Argumentieren
- Appellieren
- Analysieren
- Erörtern
- Interpretieren

Die Kenntnis verschiedener Textsorten ist also unabdingbar, da diese die Grundlagen für das Schreiben der Empfehlung darstellen.

Kriterien:
- einen oder mehrere schriftlich dargestellte Sachverhalte verstehen (sachliche Richtigkeit)
- aus diesen eine Wahl treffen
- die Wahl logisch nachvollziehbar begründen (Relevanz und Haltbarkeit der Argumente, Qualität der Beispiele und Textbelege) und
- eine klare Empfehlung aussprechen (Widerspruchsfreiheit)
- dabei die Sprache dem Adressaten und der Situation anpassen
- eine klare, verständliche Wortwahl verwenden
- den Umfang der Vorgaben (Wortanzahl) einhalten
- in der Einleitung kurz auf die Situation Bezug nehmen und im Schlussteil die Empfehlung aussprechen

Mögliche Schreibanlässe:
Allen Schreibanlässen liegt bei der schriftlichen Reifeprüfung im Fach Deutsch ein (linearer oder nicht-linearer) Text zugrunde. Dabei sollten Sie z. B:

- *eine bestimmte Vorgehensweise empfehlen:*
  Hier soll zunächst ein Sachverhalt (zumeist anhand der Analyse eines Sachtextes) geprüft und anschließend eine bestimmte Vorgehensweise empfohlen werden.
  Beispiele:
  – Empfehlen Sie, ein Auslandsjahr zu absolvieren?
  – Empfehlen Sie jemandem, einen bestimmten Beruf zu ergreifen oder ein bestimmtes Studium zu absolvieren?
  – Empfehlen Sie die Anschaffung eines Elektroautos?
- *einen Text empfehlen:*
  Sie wählen zwischen vorliegenden Texten einen (oder mehrere) aus, der Ihnen für einen bestimmten Zweck oder eine bestimmte Zielgruppe am geeignetsten erscheint. Diese Auswahl begründen Sie dann in der Empfehlung.
  Beispiele:
  – Welcher Text soll in eine Schülerzeitung/ein Sprachbuch/ein Lexikon usw. aufgenommen werden?
  – Welcher der eingesandten Leserbriefe zu einem Zeitungsartikel bzw. Thema soll in der Rubrik „Leserbriefe" erscheinen?
- *ein Angebot empfehlen:*
  Hier prüfen Sie vorliegende Angebote und wählen dasjenige aus, welches Ihnen für die angegebene Zielgruppe am geeignetsten erscheint.
  Beispiele:
  – Welches Matura-/Sprachreisenangebot empfehlen Sie Gleichaltrigen?
  – Welches Angebot eines Mobiltelefonanbieters empfehlen Sie?

Der Abschnitt zu den Kriterien orientiert sich an den vom bifie veröffentlichten Vorgaben: https://www.bifie.at/system/files/dl/srdp_d_textsortenkatalog_2014-02-19_0.pdf

- *Welche Schwerpunkte soll meine Empfehlung beinhalten?*
  Diese richten sich nach den Unterpunkten der Aufgabenstellung.
- *Was genau verlangen die Operatoren?*
  a **„Fassen Sie … zusammen"**: Hier wird erwartet, dass Sie Thema und Zweck der Katalogseiten ganz kurz vorstellen.
  b **„Analysieren Sie …"**: Es sollen Teile der Prospektseiten beleuchtet werden, die dem Interessierten das jeweilige Angebot attraktiv erscheinen lassen; die Gründe dafür müssen dargelegt werden.

c „**Bewerten Sie** …“: Da Angebote zur Wahl stehen, muss eine Entscheidung für ein Produkt fallen. Diese muss für den Lesenden nachvollziehbar sein.

d „**Geben Sie eine Empfehlung** … **ab**“: Im abschließenden Teil soll explizit formuliert werden, was empfohlen wird.

2. Phase **Erschließen Sie die Texte.**

Mögliche Notizen zu den jeweiligen Katalogseiten könnten so aussehen:

Sprachreise Galway

- Alterszielgruppe: 13–17
- Infos über die Stadt: Karte mit Lage Galways, gastfreundliche Hafenstadt; Badestrand; heimliche Kulturhauptstadt Irlands, Musiker, Straßenkünstler → spannende und abwechslungsreiche Sprachreise
- Angebot: Englischkurs, Sportveranstaltungen, Ausflüge, Aktivitäten
- Kurse: 28 Lektionen zu 45 Min, d. h. 1 260 Min./Woche, Schüler nach Sprachniveau aufgeteilt → intensives Studienprogramm
- Unterkunft – Möglichkeit 1: Unterbringung in Gastfamilien, zusammen mit Jugendlichen mit anderer Muttersprache, in 2-Bett-Zimmern, Vollpension, Schulweg mit dem Bus → Selbstständigkeit ist gefragt
- Unterkunft – Möglichkeit 2: Wohnkomplex auf dem Campus, kleine Wohneinheiten: 4–5 Schüler in Zweibett- oder Einzelzimmern, Vollpension, Schulkantine → kurzer Schulweg
- Freizeit: Programm an Nachmittagen und Abenden, Wochenendausflüge
- Preise/Termine: viele Termine (für 2, 3 oder 4 Wochen) zur Auswahl, unterschiedliche Kosten (Gastfamilie/Wohnheim), Flughafentransfer von Dublin nach Galway kostet extra, Busabonnement muss extra gekauft werden → viele Auswahlmöglichkeiten, aber auf Extrakosten achten!

Gestaltung:

- übersichtliche Infokästen zu Terminen/Preisen, zu Unterrichtseinheiten und Freizeitangebot → ermöglicht konkrete Vorstellung vom Tagesablauf
- ansprechende Fotos von der Stadt, vom Uni-Campus, der Landschaft und den Sprachschülern → vermitteln klares Bild der Sprachreise

Sprachreise Malta:

- Alters- und Zielgruppe: ab 14 Jahren
- Infos über Malta: war Teil des Britischen Empires; Hauptstadt Valletta; Sonne, Strand und Meer; Ausflug mit dem Boot zur Nachbarinsel Gozo

- Kurse: 180 Min./Tag (d. h. 900 Min./Woche), Einteilung in Klassen nach Sprachniveau, ehrliche Info: Nationalitätenmix kann unausgewogen sein
- Freizeit: vielseitiges Nachmittags- und Abendprogramm (Sport, Ausflüge, Aktivitäten) → großer Schwerpunkt auf Freizeit, Achtung: Sportkurse kosten extra!
- Preise/Termine: Transfers im Preis inbegriffen, Unterbringung in Gastfamilie (inkl. Vollpension), betreute Reise, Freizeitaktivitäten → weniger Auswahlmöglichkeiten (Termine/Unterkunft), aber klare und übersichtliche Informationen, keine versteckten Zusatzkosten!
- *Gestaltung:* wenige Fotos, übersichtlicher Kasten zu Terminen und Kosten

Erstellen Sie eine Gliederung nach den wesentlichen Kriterien der Empfehlung und folgen Sie dabei den Schwerpunkten der Aufgabenstellung. 3. Phase

Beziehen Sie für Ihre Gliederung folgende Überlegungen mit ein:

a Nehmen Sie in der **Einleitung** kurz auf die **Situation** Bezug.

b Schreibhaltungen, die in diesem Fall in Ihre Empfehlung einfließen:

- „Zusammenfassen“:
  Beantworten Sie die Fragen: *Wozu dienen die Katalogseiten? Was ist geboten?*
- „Analysieren“:
  Beschreiben Sie das Bild- und Textmaterial *(Was spricht den Interessierten an?)* und wägen Sie ab, welches Angebot eher den Vorstellungen entspricht; begründen Sie Ihre Einschätzung.

c Um eine **Wahl treffen** zu können, müssen Sie sich überlegen: *Was spricht inhaltlich für die eine bzw. die andere Reise?*

- Greifen Sie dazu **konkrete Beispiele** heraus, z. B. zu:
  - Unterrichtszeiten
  - Freizeitmöglichkeiten
  - Kosten
  - Kursort
  - Unterbringung
- Stellen Sie die **Vor- und Nachteile** der beiden Angebote einander gegenüber und wägen Sie diese ab.

d Sprechen Sie im **Schlussteil** eine **klare Empfehlung** aus. Diese ergibt sich aus Ihren vorherigen Aussagen.

Verfassen Sie eine Empfehlung. 4. Phase

Lösungsvorschlag

Einstieg: *Hinführung zum Thema* *Zweck des Prospektmaterials*

Sprachreisen in den Sommerferien erfreuen sich immer größer werdender Beliebtheit, um zum Beispiel Englischkenntnisse zu verbessern und für das kommende Schuljahr sprachlich fit zu werden. Die vorliegenden Prospektseiten versuchen, mithilfe von Fotos und Infotexten Jugendliche von ihrem Angebot zu überzeugen.

Hauptteil: *Bild- und Textmaterial zu Galway* *verschiedene Gründe für eine positive Einschätzung*

Bei der ersten Sprachreise wird für einen Englischkurs in Galway im westlichen Irland geworben: Auf vier Katalogseiten mit Bild- und Textmaterial erfährst du, was dich erwartet. Das Prospekt lockt mit vielen Fotografien, z. B. von einer Küstenlandschaft und Straßenmusikern. Galway wird hier als friedliche, gastfreundliche Hafenstadt präsentiert. Besichtigungsmöglichkeiten, Sportveranstaltungen und Ausflüge ergänzen den Unterricht. Diese Angebote erscheinen überaus einladend: Das Beispiel eines Wochenprogramms wirkt übersichtlich und du kannst dir gut vorstellen, wie einzelne Tage ablaufen. Die Jugendlichen auf dem Foto wirken entspannt und freundschaftlich verbunden.

Sprachreise nach Malta *Bilder und Text → eher negative Einschätzung*

Die Sprachreise nach Malta wird auf zwei Prospektseiten beworben. Die Bilder konzentrieren sich auf die Stadtansicht und einen Jugendlichen auf einer hochsommerlichen Banana-Boat-Fahrt. Vom Unterrichtsort kann man sich hier keine klare Vorstellung machen. Die Informationen sind einfach und übersichtlich gestaltet, der Schwerpunkt jedoch liegt auf Spaß und Freizeit. Im Vergleich dazu wird Galway dem Auftrag der Sprachreise eher gerecht.

Preis-Leistung: Galway ↔ Malta *Sprachreise nach Galway: intensiver Unterricht rechtfertigt höheren Preis* *Malta-Angebot: billiger, aber weniger effektiv*

Pro Woche wirst du in Galway 1 260 Minuten Unterricht absolvieren, es ist ein intensives Studienprogramm. Doch Freizeitaktivitäten kommen dennoch nicht zu kurz! Diese finden an vier Nachmittagen bzw. Abenden pro Woche statt. Ich persönlich würde diesem Programm deshalb den Vorzug geben, da so Sprachkenntnisse wirklich vertieft werden können. Dies rechtfertigt auch den höheren Preis von 1 760,– € für zwei Wochen. Die Unterrichtszeit in Malta beträgt nämlich nur 900 Minuten pro Woche. Wenn du dort womöglich mit gleichsprachigen Jugendlichen in der Klasse sitzt, wirst du in Bezug auf deine Englischkenntnisse vielleicht nicht so sehr profitieren können. Obwohl diese Sprachreise deutlich günstiger ist, zwei Wochen kosten 1 509,– € mit Flug, ist sie für einen Jugendurlaub mit ein bisschen Sprachunterricht doch vergleichsweise teuer.

Außerdem kannst du dich bei dem Sprachkurs in Galway zwischen verschiedenen Optionen entscheiden: Bleibst du lieber bei einer Gastfamilie oder in einem Wohnheim? Möchtest du zwei, drei oder gar vier Wochen intensiv Englisch lernen? Auch die zahlreichen Termine in den Sommerferien ermöglichen eine Auswahl, die auf deine individuellen Bedürfnisse zugeschnitten ist, während du beim Angebot zu Malta relativ eingeschränkt bist.

mehr Auswahl beim Sprachkurs in Galway: Unterkunft, Dauer, Termine

Um eine Entscheidung zu treffen, ist ein genaues Studium der Angebote unumgänglich. Der Galway-Prospekt zeigt aussagekräftigere Bilder, gibt ausführlichere Informationen und eine genauere Beschreibung der Unterrichtsabwicklung.

Schlussteil:
kurze Zusammenfassung

Zusammenfassend empfehle ich deshalb, wenn der Sinn der Reise ein Zugewinn an Sprachkenntnissen sein soll und wenn es die finanziellen Mittel erlauben, einen Flug zur Grünen Insel zu wagen.

Empfehlung

Aufgabe: Verfassen Sie die Interpretation eines lyrischen Textes.

Situation

Für ein Literatur-Portfolio, welches von Ihrem Deutsch-Lehrer bzw. Ihrer Deutsch-Lehrerin gelesen und beurteilt wird, verfassen Sie eine Interpretation des Gedichts „Das Ende der Eulen“ von Hans Magnus Enzensberger.

Arbeitsanweisung

Lesen Sie „Das Ende der Eulen“ und bearbeiten Sie dann die folgenden Arbeitsaufträge:

- Erklären Sie, worum es im vorliegenden Gedicht geht.
- Analysieren Sie formale und stilistische Besonderheiten.
- Interpretieren Sie das Gedicht „Das Ende der Eulen“.
- Stellen Sie die Wichtigkeit der Aussage für den heutigen Lesenden dar.

Wortanzahl: 540–660

Hans Magnus Enzensberger: „Das Ende der Eulen“

Textbeilage

ich spreche von euerm nicht
ich spreche vom ende der eulen,
ich spreche von butt und wal
in ihrem dunklen haus.
dem siebenfältigen meer,
von den gletschern,
sie werden kalben zu früh,
rab und taube, gefiederten zeugen
von allem was lebt in den lüften
und wäldern, und den flechten im kies,
vom weglosen selbst, und vom grauen moor
und den leeren gebirgen.

auf radarschirmen leuchtend
zum letzten mal, ausgewertet
auf meldetischen, von antennen
tödlich befingert floridas sümpfe
und das sibirische eis, tier
und schilf und schiefer erwürgt
von warnketten, umzingelt
vom letzten manöver, arglos
unter schwebenden feuerglocken,
im ticken des ernstfalls.

wir sind schon vergessen,
sorgt euch nicht um die waisen,
aus dem sinn schlagt euch
die mündelsichern[1] gefühle.
den ruhm, die rostfreien psalmen[2].
ich spreche nicht mehr von euch,
planern der spurlosen tat,
und von mir nicht, von keinem.
ich spreche von dem was nicht spricht,
von den sprachlosen zeugen,
von ottern und robben,
von den alten eulen der erde.

Worterklärungen

1 *mündelsicher:* Bezeichnung für Geldanlagen, die als besonders sicher eingestuft sind
2 *Psalmen:* religiöse Lieder im Alten Testament

Anmerkung zum Autor:
Das Gedicht „Das Ende der Eulen“ von Hans Magnus Enzensberger (geb. 1929) entstand 1960. Enzensberger lebt seit 1957 als freier Schriftsteller.

Mögliche Vorgehensweise

1. Phase **Klären Sie die Anforderungen der Aufgabenstellung.**

Lesen Sie zunächst *genau* die Aufgabenstellung. Stellen Sie sich dazu folgende Fragen und beantworten Sie sie in Stichworten auf einem Notizzettel:

- In welcher **Rolle/Funktion** schreibe ich? Wer sind meine **Adressaten**?
- Welche Kriterien erfüllt die **Textsorte „Interpretation"**?
- Was genau verlangen die **Operatoren**?

2. Phase **Erschließen Sie den Text.**

1 Lesen Sie „Das Ende der Eulen" und stellen Sie Fragen an den Text.
Hinweis: Es empfiehlt sich, erst nach zweimaliger Lektüre auf dem Textblatt die Fragen an den Text zu notieren, die sich einem beim Lesen stellen. Diese könnten in der Interpretationsarbeit versuchsweise beantwortet werden.

2 Analysieren Sie die Form des Gedichts. Bringen Sie dazu Markierungen und Notizen zum Aufbau und Inhalt, zu Reim und Rhythmus an.

3 Analysieren Sie den Stil des Gedichts.

  a Listen Sie Wortfelder auf; ordnen Sie ihnen lexische Elemente zu.
  Hinweis: Der Begriff „lexisch" leitet sich vom Nomen „Lexik" ab und bezeichnet all jene Worte, die im Wortschatz einer Sprache enthalten sind.

  b Bringen Sie Notizen zu syntaktischen Auffälligkeiten und Stilfiguren an.

4 Ordnen Sie die Wortfelder sogenannten Sinnbezirken zu.
Hinweis: Sinnbezirke fassen ähnliche Wortfelder zusammen und können ein Gerüst darstellen, um mögliche intendierte Aussagen gedanklich zu durchdringen.

3. Phase **Formulieren Sie eine Interpretationshypothese.**

Diese stützt sich auf die vorangegangene Analyse und soll die Grundlage für die nachfolgende Interpretationsarbeit bieten. Es könnte allerdings sein, dass die Deutung dann doch in manchen Details von der Hypothese abweicht, es ergeben sich nämlich während des Schreibens manchmal noch Änderungen in der Deutung einzelner Textstellen. Das heißt: Die Interpretationshypothese ist eine Hilfe, aber kein starres Gerüst, dem man unbedingt folgen muss.

4. Phase **Erstellen Sie eine Gliederung nach den wesentlichen Kriterien der Interpretation und folgen Sie dabei den Schwerpunkten der Aufgabenstellung.**

5. Phase **Verfassen Sie eine Interpretation.**

Schritt für Schritt zur Lösung

Klären Sie die Anforderungen der Aufgabenstellung. 1. Phase

- *In welcher Rolle/Funktion schreibe ich? Wer sind meine Adressaten?*
  Ich bin Schüler/Schülerin, daher schreibe ich aus Schüler/innensicht. Meine Arbeit basiert also sowohl auf im Unterricht erlernten Strategien der Textinterpretation als auch auf meinen allgemeinen Erfahrungen mit dem Thema „Mensch und Natur". Mein Adressat ist mein/e Deutsch-Lehrer/in. Ich möchte mit meiner Arbeit meine Interpretationskompetenz zeigen.
- *Welche Kriterien erfüllt die Textsorte „Interpretation"?*
  Die Kriterien kann ich auch auf Seite 10 ff. und 59 f. nachlesen. Ich sollte mich im Wesentlichen daran halten.
- *Was genau verlangen die Operatoren?*
  Die Operatoren fordern das präzise Ausformulieren des Textthemas („**Erklären Sie** …"), eine Analyse von Form und Stil bzw. Sprache des Gedichts („**Analysieren Sie** …") und die Interpretation, die sich auf diese Analyse stützen muss („**Interpretieren Sie** …"). Ein aktueller Bezug ist darüber hinaus herzustellen („**Stellen Sie** … **dar**").

Erschließen Sie den Text. 2. Phase

1 Mögliche Fragen an den Text:
- Warum spricht das lyrische Ich vom „Ende der Eulen"?
- Warum will es nicht mehr von „uns", von „sich" sprechen?
- Wen klagt es an?
- Vor wem werden die „sprachlosen zeugen" ihr Zeugnis ablegen?
- Ist „Das Ende der Eulen" ein politisches Gedicht?
- Kann man noch etwas tun?

2 Form des Gedichts: Inhalt und Aufbau, Reim und Rhythmus

1. Strophe
Nennung des Themas bzw. Titels; es folgt eine Aufzählung verschiedener Tiere, Pflanzen und Natur-Gegebenheiten

2. Strophe
Was mit der Natur geschieht: Beschreibung von bedrohlichen, tödlichen Ereignissen

3. Strophe

- Die Rolle bzw. Zukunft des Menschen
- Rückkehr und thematische Anknüpfung an die 1. Strophe: Vorgreifen auf die Zukunft des Untergangs
- Die selbstauferlegte Aufgabe des lyrischen Sprechers: die Fürsprache für alles Lebendige, das keine für den Menschen vernehmbare Sprache hat

Reim/Rhythmus: freie Rhythmen ohne Reim

3 Stil des Gedichts: Wortfelder, syntaktische Auffälligkeiten und Stilfiguren

a Wortfelder

Wortfeld „Ende“ / „Tod“	• V. 2: ende der eulen • V. 14: zum letzten mal • V. 16: tödlich befingert • V. 18: erwürgt • V. 20: letzten manöver • V. 24: die waisen
Wortfeld „Leben“	• V. 7: kalben • V. 9: was lebt • V. 13: leuchtend
Wortfeld „Gefahr“	• V. 7: zu früh • V. 19: warnketten • V. 20: arglos • V. 22: ticken des ernstfalls
Wortfeld „Verbrechen“ / „Gericht“	• V. 8: gefiederten zeugen • V. 29: planern der spurlosen tat • V. 32: sprachlosen zeugen
Wortfeld „Bericht“	• V. 1, 2, 3, 28, 31: ich spreche von
Wortfeld „elektronische Überwachung“	• V. 13: auf radarschirmen • V. 14: ausgewertet • V. 15: meldetischen, antennen
Wortfeld „Krieg“, „Vernichtung“	• V. 19: umzingelt • V. 20: manöver • V. 21: schwebenden feuerglocken • V. 22: ticken [Bombe]
Wortfeld „Natur“	Tiere und Pflanzen • V. 2, 34: eulen • V. 3: butt und wal • V. 8: rab und taube • V. 9: allem was lebt in den lüften • V. 10: wäldern, flechten • V. 16: floridas sümpfe

	• V. 17: tier • V. 18: schilf • V. 33: ottern, robben Naturgegebenheiten • V. 4: dunklen haus (Metapher für das „tiefe Meer“) • V. 5: dem siebenfältigen meer • V. 6: gletschern • V. 11: vom grauen moor • V. 12: leeren gebirgen • V. 17: das sibirische eis • V. 18: schiefer
Wortfeld „Mensch“	• V. 1, 2, 3, 28, 31: ich • V. 1, 24, 25, 28: euch bzw. euerm • V. 23: wir • V. 24: waisen • V. 26: mündelsichern gefühle • V. 30: mir

b Syntaktische Auffälligkeiten und Stilfiguren

Beispiel einer Textbearbeitung:	NOTIZEN
ich spreche von euerm nicht	*freie Rhythmen ohne Reim*
ich spreche vom ende der eulen,	*Wiederholung: „ich spreche“*
ich spreche von butt und wal	*Anapher: „ich“*
in ihrem dunklen haus.	*Parallelismen*
dem siebenfältigen meer,	*bildhafte Adjektive*
von den gletschern,	
sie werden kalben zu früh,	*Parenthese*
rab und taube, gefiederten zeugen	*Personifizierung*
von allem was lebt in den lüften	
und wäldern, und den flechten im kies,	
vom weglosen selbst, und vom grauen moor	
und den leeren gebirgen.	

häufige Enjambements	auf radarschirmen leuchtend
Voranstellung von Präpositionen; adverbiale Ergänzungen	zum letzten mal, ausgewertet
	auf meldetischen, von antennen
auffällig: Partizip II- bzw. Passivkonstruktionen	tödlich befingert floridas sümpfe
	und das sibirische eis, tier
Personifizierung	und schilf und schiefer erwürgt
	von warnketten, umzingelt
Metaphern	vom letzten manöver, arglos
	unter schwebenden feuerglocken,
	im ticken des ernstfalls.
Zustandspassiv im Präsens → Futurbedeutung	wir sind schon vergessen,
	sorgt euch nicht um die waisen,
	aus dem sinn schlagt euch
Metapher/Bildbruch/Chiffre	die mündelsichern gefühle.
Metapher	den ruhm, die rostfreien psalmen.
Anknüpfung an die erste Strophe über die Wortfamilie „sprechen“ → aber Verneinung	ich spreche nicht mehr von euch,
	planern der spurlosen tat,
	und von mir nicht, von keinem.
	ich spreche von dem was nicht spricht,
Wiederholung „von“: Aufzählung und Steigerung	von den sprachlosen zeugen,
	von ottern und robben,
Klimax und Alliteration: „alte Eulen der Erde“ → Symbol: Weisheit, Ewigkeit	von den alten eulen der erde.

Aus: Hans Magnus Enzensberger, Landessprache. Gedichte.

4 Ordnen Sie die Wortfelder sogenannten Sinnbezirken zu.

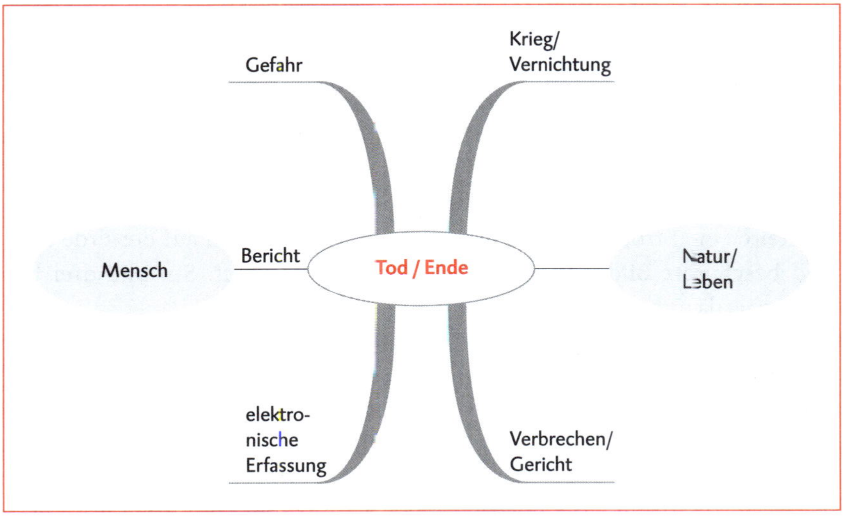

Formulieren Sie eine Interpretationshypothese. **3. Phase**

Ein lyrisches Ich spricht zu „uns“. Es ist Berichterstatter und Ankläger zugleich. Durch den Menschen droht der Natur, ihr wichtigster Stellvertreter ist die „alte Eule“, Zerstörung und Vernichtung. Die Mittel dieser Zerstörung sind Instrumente der technischen Industrie: zunächst die elektronische Erfassung und Überwachung aller Winkel der Erde und dann die Auslöschung mithilfe weitreichender, tödlicher Waffen.

Der Mensch, der all dies verursacht, ist in diesem Szenario nicht mehr von Bedeutung. Vergessen sind er und seine Taten, auch seine Nachkommen werden untergehen, ihr Überleben ist unsicher und bedeutungslos. Von Belang ist lediglich die Ungeheuerlichkeit, dass der Mensch leichtfertig unschuldige Kreaturen, ja die Schöpfung an sich, gedanken- und gewissenlos mit sich reißt. Das lyrische Ich bürdet sich die Last auf, Sprachrohr zu sein für Tiere und Pflanzen, Gebirge, das Meer und das Eis, für all das, was keine Stimme hat.

Erstellen Sie eine Gliederung nach den wesentlichen Kriterien der Interpretation und folgen Sie dabei den Schwerpunkten der Aufgabenstellung. **4. Phase**

Die Gliederung richtet sich nach den Operatoren und Ihren Notizen.

Verfassen Sie eine Interpretation. **5. Phase**

Lösungsvorschlag

Einleitung: Worum geht es?

Im Gedicht „Das Ende der Eulen“ erhebt ein lyrisches Ich seine Stimme. Diese spricht von der Auslöschung der Natur durch den Menschen und der Zeugenschaft der sprachlosen Tiere angesichts dieser Zerstörung.

Hauptteil: Inhalt und Aufbau in drei Strophen

Der Text gliedert sich in drei Strophen. Zunächst benennt der Berichterstatter eindringlich das Thema: Er spricht vom Ende der Eulen, nicht vom Tod der Menschen. Er führt anschließend Tiere, Pflanzen und andere Naturgegebenheiten an. Strophe zwei beschreibt konkret, was sich auf der Erde abspielt und beschwört Bilder kriegerischer Zerstörung herauf. Strophe drei betont nochmals das Thema.

formale und stilistische Besonderheiten: Reim und Rhythmus; lyrisches Ich

In freien Rhythmen, ohne Reim, entfalten Strophe eins und drei in fast litaneihafter Aufzählung das Thema des Sprechens selbst und dessen, wovon gesprochen werden soll. Das lyrische Ich beschreibt eingangs eher distanziert; in Strophe zwei allerdings spiegeln Wortwahl und Syntax indirekt die Anklage wider, dass es sich bei den Geschehnissen um Verbrechen handelt.

Verben: Partizip II/ Passiv, Tempus

Verben, die im Passiv als Partizip-II-Konstruktionen häufig betont am Ende der Verszeile stehen, gehen noch im Präsens des Berichtens von bereits stattgefundenen Handlungen aus: „tödlich befingert“ (V. 16), „erwürgt“ (V. 18) oder „umzingelt“ (V. 19). Der Täter befindet sich hinter einer kalten Maschinerie, er taucht persönlich erst in Verszeile 29 auf als „planer[…] der spurlosen tat“.

Wortwahl

Ausdrücke wie „zum letzten mal“ (V. 14), „tödlich“ (V. 16) und „erwürgt“ (V. 18) verdeutlichen die Ausweglosigkeit.

Bildsprache

Die Begriffe „warnketten“ (V. 19), „letzte[s] manöver“ (V. 20), „schwebende[…] feuerglocken“ (V. 21) und „ticken des ernstfalls“ (V. 22) sprechen metaphorisch von einem stattfindenden Krieg, der an einen Atomkrieg denken lässt. Die eindringliche Bildersprache nimmt uns Leser mit in menschenleere Landschaften, über die per elektronischer Fernsteuerung der Untergang verhängt wird. An den Kalten Krieg erinnert die Wahl der Schauplätze Russland und Florida, stellvertretend für ihre im Jahr 1960 verfeindeten Nationen.

Adressaten

Das lyrische Ich spricht in Strophe drei zwar „nicht mehr *von* [uns]“ (V. 28), jedoch spricht es *zu* uns. Wer ist „uns“? Als heutige Leser sind wir zugleich die „waisen“ (V. 24). Und doch sind wir ebenfalls Betroffene. Denn es stellt sich auch uns die Frage: Was passiert mit dem Menschen im Falle der völligen, von ihm selbst verschuldeten Naturzerstörung?

Metaphorik und ihre Bedeutung

Die Antwort lautet, „wir sind schon vergessen“ (V. 23). Ein über dieses Vergessenwerden hinausreichendes Denken ist folglich sinnlos: „sorgt euch nicht“ (V. 24), „aus dem sinn schlagt euch“ (V. 25). Die Chiffre „mündelsicher[e] gefühle“ (V. 26) mahnt vor der – angesichts der Katastrophe – lächerlich anmutenden Einbildung, man könne in irgendeiner Weise vorsorgen. „[R]uhm“ und Religion – im Bild der „rostfreien psalmen“ (V. 27) umschrieben – haben bis jetzt als typisch menschliche Werte Gültigkeit besessen und gehen ebenfalls verloren. Das lyrische Ich stellt fest: Im Ernstfall werden zwar alle Menschen untergehen, aber von uns ist „nicht mehr“ (V. 28) die Rede, das Dahinscheiden der menschlichen Spezies ist also nebensächlich.

Anknüpfung an die erste Strophe

Das sich wiederholende „Sprechen von“ steht im Zentrum des Abgesangs. Die letzten vier Verszeilen am Ende knüpfen an die drei ersten der Anfangsstrophe an und schließen so den Kreis. Das lyrische Ich macht sich damit auch zum Sprachrohr: „ich spreche von dem was nicht spricht“ (V. 31). Spricht es nämlich *von* den „sprachlosen zeugen“ (V. 32), „ottern und robben“ (V. 33) und „den alten eulen der erde“ (V. 34), spricht es gleichzeitig *für* diese. Mit „Zeugen“ wird ebenfalls ein Wort aus der ersten Strophe wieder aufgegriffen (vgl. V. 8) und die Schuldhaftigkeit des Menschen und das Verbrechen, das er begangen hat, werden betont. Das lyrische Ich geht wohl davon aus, dass diese sprachlosen Zeugen dennoch vor einem verborgenen Richter ihr Zeugnis ablegen können.

das lyrische Ich als Sprachrohr der von den Menschen bedrohten Natur

Symbol der Eulen

Die „alten Eulen der Erde“ stehen als zentrales Symbol, auf welches die Reihung in einer Klimax zusteuert (vgl. Z. 32 ff.), am Ende des Gedichts. Die Eule ist ein Sinnbild für Weisheit und mit ihr stirbt nicht nur die Natur, sondern zugleich der ihr innewohnende Gedanke des schöpferischen Geistes. Da sie als Sinnbild des Todes gelten, stirbt mit der Eule gleichzeitig der Tod selbst.

Schluss:
Aktualitätsbezug

Das Echo von „Das Ende der Eulen“ hallt deutlich in unser Jahrtausend. Das Thema der Zerstörung der Schöpfung ist aktueller denn je, vordergründig weniger durch einen alles vernichtenden Krieg, sondern eher durch die gnadenlose Ausbeutung von Ressourcen und die Vermüllung und Vergiftung von Wasser, Luft und Erde. Die Stimme des lyrischen Ichs kann noch nicht schweigen.

Aufgabe: Verfassen Sie eine Textanalyse.

Situation

Für das Unterrichtsfach Philosophie und Psychologie analysieren Sie Texte aus der zeitgenössischen Philosophie. Die Analyse soll die Grundlage einer nachfolgenden schriftlichen oder mündlichen Diskussion darstellen.

Arbeitsanweisung

Lesen Sie Hans Jonas' Text „Störung des symbiotischen Gleichgewichts durch den Menschen", der erstmalig 1979 in dem Buch „Das Prinzip Verantwortung" erschienen ist, und bearbeiten Sie die folgenden Arbeitsaufträge:

- Fassen Sie das Wesentliche des Inhalts zusammen.
- Untersuchen Sie formale und sprachliche Besonderheiten.
- Setzen Sie diese zum Inhalt in Beziehung.
- Beurteilen Sie die Relevanz dieses Textes für unsere Gesellschaft und den Einzelnen.

Wortanzahl: 405–495

Textbeilage

Störung des symbiotischen Gleichgewichts durch den Menschen (1979)

VON HANS JONAS

Erst mit der Überlegenheit des Denkens und mit der Macht der hierdurch ermöglichten technischen Zivilisation ist *eine* Lebensform, „der Mensch", in die Lage versetzt worden, alle anderen (und damit auch sich selbst) zu gefährden. Kein größeres Wagnis konnte „die Natur" eingehen, als den Menschen entstehen zu lassen, und jede aristotelische[1] Vorstellung von der sich selbst dienenden und zum Ganzen integrierenden Teleologie[2] der Gesamtnatur *(Physis)* ist durch dies, das auch ein Aristoteles noch nicht ahnen konnte, widerlegt. Für ihn war es die *theoretische* Vernunft im Menschen, die über die Natur hinausragt, ihr aber mit ihrer Kontemplation[3] gewiß nichts zuleide tut. Der emanzipierte praktische Intellekt, den die „Wissenschaft", ein Erbe jenes theoretischen Intellekts, erzeugt hat, stellt der Natur nicht nur sein Denken, sondern auch sein Tun in einer Weise gegenüber, die mit dem unbewußten Funktionieren des Ganzen nicht mehr vereinbar ist: Im Menschen hat die Natur sich selbst gestört und nur in seiner moralischen Begabung (die wir wie das andere ihr noch zuschreiben dürfen) einen unsicheren Ausgleich für die erschütterte Sicherheit der Selbstregulierung offengelassen. Es hat etwas Erschreckendes an sich, daß hierauf nun ihre Sache stehen soll – oder sagen wir bescheidener: so viel von ihrer dem Menschen sichtbaren Sache. Nach den Zeitmaßen der Evolution und sogar den soviel kürzeren der Menschengeschichte ist dies eine fast plötzliche Wendung im Schicksal der Natur. Ihre Möglichkeit lag im Wesen des weltunabhängigen Wissens und Willens, das mit dem Menschen in die Welt einbrach, aber ihre Wirklichkeit reifte langsam und war dann plötzlich da.

Der moderne Mensch – seine technischen Errungenschaften erweisen sich mehr und mehr als existenzielle Gefahr für ihn und die Natur.

In diesem [dem 20.] Jahrhundert ist der lange vorbereitete Punkt erreicht worden, wo die Gefahr offenbar und kritisch wird. Macht im Verein mit Vernunft führt an sich Verantwortung mit sich. Dies hat sich von jeher für den zwischenmenschlichen Bereich verstanden. Daß die Verantwortung sich neuerdings darüber hinaus auf den Zustand der Biosphäre und das künftige Überleben der Menschenart erstreckt, ist schlicht mit der Ausdehnung der Macht über diese Dinge gegeben, die in erster Linie eine Macht der Zerstörung ist. Macht und Gefahr machen eine Pflicht offenbar, die durch die wahlentzogene Solidarität mit dem Übrigen sich auch ohne besondere Zustimmung vom eigenen Sein auf das allgemeine erstreckt. […]

Textauszug aus: Hans Jonas, Das Prinzip Verantwortung. Versuch einer Ethik für die technologische Zivilisation.

Worterklärungen:

1 *aristotelisch:* von „Aristoteles" (altgriech. Philosoph aus dem 4. Jdh. v. Chr.) stammend

2 *Teleologie:* Lehre von der Zielgerichtetheit und Zweckmäßigkeit a) von menschlichen Handlungen, b) des Geschichtsverlaufs, c) von Vorgängen in der Natur; *aristotelische Teleologie:* Naturprozesse und Organismen können ziel- und zweckgerichtet erklärt werden (z. B. Existenz eines Fells als Kälteschutz)

3 *Kontemplation:* beschauliche Betrachtung bzw. Nachdenken, Gedankenversunkenheit

Anmerkung zum Autor:

Der Philosoph Hans Jonas (1903–1993) lehrte über 20 Jahre lang als Professor an der New School for Social Research in New York und veröffentlichte 1979 sein Hauptwerk „Das Prinzip Verantwortung".

Mögliche Vorgehensweise

Klären Sie die Anforderungen der Aufgabenstellung. 1. Phase

Lesen Sie als Erstes genau die Aufgabenstellung. Stellen Sie sich dazu folgende Fragen und beantworten Sie sie in Stichworten auf einem Notizzettel:

- In welcher **Rolle/Funktion** schreibe ich?
- Für wen schreibe ich? Wer sind meine **Adressaten**?
- Welche Kriterien erfüllt die **Textsorte „Textanalyse“**?
- Was genau verlangen die vorgegebene **Situation** und die **Operatoren**?

Erschließen Sie den Text. 2. Phase

Lesen Sie zunächst „Störung des symbiotischen Gleichgewichts durch den Menschen“ genau. Gehen Sie danach so vor:

1. Unterstreichen Sie unbekannte Begriffe und Fremdwörter zuerst im Text und schlagen Sie sie dann nach.
2. Fertigen Sie Notizen zu Inhalt und Aufbau an.
3. Legen Sie mithilfe der Kriterien zur Textanalyse eine Stoffsammlung als Vorbereitung für die Gliederung und Ausarbeitung der Arbeit an.

Erstellen Sie eine Gliederung nach den wesentlichen Kriterien einer Textanalyse und folgen Sie dabei den Schwerpunkten der Aufgabenstellung. 3. Phase

Verfassen Sie eine Textanalyse. 4. Phase

Schritt für Schritt zur Lösung

1. Phase **Klären Sie die Anforderungen der Aufgabenstellung.**

- *In welcher Rolle/Funktion schreibe ich? Für wen schreibe ich? Wer sind meine Adressaten?*
  Mein Schreibauftrag ist sachlich und textbezogen, ich habe außer Mitschüler/innen und Lehrpersonen keine spezielle Adressatengruppe.
  Mit meiner Arbeit beweise ich die Fähigkeit, einen nicht-fiktionalen Text hinsichtlich Form, Sprache und Funktion zu analysieren.
- *Welche Kriterien erfüllt die Textsorte „Textanalyse"?*
  Diese finden Sie auch ab S. 10. Wenn Sie einen nicht-fiktionalen Text analysieren sollen, können Sie sich in der Regel an folgenden Kriterien orientieren:

Kriterien der Textanalyse

- Benennung der wichtigsten Informationen über den Text: Textsorte, Titel, Thema, Autor und Adressat
- Wiedergabe von **Inhalt** (Worum geht es?) und **Aufbau**
- Analyse von **Form** und **Sprache** (v. a. von Satzbau, Wortarten, Stilfiguren)
- Darstellung der **Textfunktion**
- **Sachlichkeit** in Ausdruck und Stil
- Verwendung von **Fachterminologie** (wenn möglich)

- *Was genau verlangen die vorgegebene Situation und die Operatoren?*
  a Die vorgegebene Situation gibt Ihnen einen Hinweis, in welche Fachrichtung der Inputtext weist.
  b Die Operatoren fordern das Erfassen und Wiedergeben der Kernaussagen („**Fassen Sie** … **zusammen**") und eine Analyse der Form und Sprache des Textes („**Untersuchen Sie** …"). Besonderes Augenmerk soll dabei auf den Zusammenhang zwischen der sprachlichen Gestaltung und dem Inhalt bzw. der Aussage gerichtet werden („**Setzen Sie** … **in Beziehung**"). Die aktuelle Wichtigkeit des Textes ist darüber hinaus festzustellen („**Beurteilen Sie** …").

Hinweis: Da nur 495 Wörter für diese Aufgabenstellung zur Verfügung stehen, ist ein präzises, geradliniges Arbeiten notwendig. Die Textanalyse verlangt keine Interpretation, geraten Sie also hier nicht auf Abwege!

Erschließen Sie den Text. 2. Phase

1 Unbekannte Begriffe und Fremdwörter

Fremdwörter aus dem Bereich der Philosophie bzw. der Soziologie:

aristotelisch (Z. 5)	von Aristoteles stammend; Adjektiv zu „Aristoteles"
integrierend (Z. 8)	Adjektiv zu „integrieren": etwas in ein übergeordnetes Ganze eingliedern; etwas zu einem großen Ganzen zusammenschließen
Teleologie (Z. 8)	Lehre von der Zielgerichtetheit und Zweckmäßigkeit von Ereignissen oder Entwicklungen
Physis (Z. 9)	griech. für Natur (als eigenständiger Wirklichkeitsbereich)
Aristoteles (Z. 10)	altgriechischer Philosoph
theoretisch (Z. 12)	Gegenteil von praktisch bzw. experimentell
Kontemplation (Z. 15)	beschauliche Betrachtung bzw. Nachdenken, Gedankenversunkenheit
emanzipiert (Z. 15)	selbstständig, vom Zustand der Abhängigkeit und Fremdbestimmung befreit
Intellekt (Z. 15)	Verstand, Fähigkeit zur Erkenntnis, Denkvermögen
moralische Begabung (Z. 21 f.)	die Fähigkeit, zwischen richtig und falsch / gut und schlecht zu unterscheiden
Solidarität (Z. 39)	Zusammengehörigkeits- / Gemeinschaftsgefühl aufgrund gleicher Werte, schließt gegenseitige Hilfsbereitschaft mit ein

Fremdwörter aus dem Bereich der Naturwissenschaften:

symbiotisch (Überschrift)	bezieht sich auf das Zusammenleben von artverschiedenen Lebewesen, das für beide Partner von Vorteil ist
Evolution (Z. 26)	stammesgeschichtliche Entwicklung von der Entstehung der ersten Lebewesen bis hin zu den heutigen Arten
Biosphäre (Z. 35)	die Schicht eines Planeten, die von Lebewesen besiedelt ist

2 Notizen zu Inhalt und Aufbau des Textes

- Überlegenheit des Denkens, technische Zivilisation → Mensch wird für sich und die Natur zur Gefahr (vgl. Z. 1–6)
- Vorstellung von Aristoteles: Durch seine theoretische Vernunft ragt der Mensch über die Natur hinaus, verletzt diese aber nicht (vgl. Z. 6–15)
- diese Vorstellung ist widerlegt (vgl. Z. 11):
  - In der Praxis handelt der Mensch so, dass sein Tun die Natur (zer)stört (vgl. Z. 15–20)
  - einziges Gegenmittel: die moralische Begabung des Menschen – aber das ist ein unsicherer Ausgleich (vgl. Z. 21–24)
- Im Zeitmaß der Evolution besteht diese Gefahr erst seit Kurzem (vgl. Z. 26–30)
- Die Gefahr für die Natur durch den Menschen ist jetzt offenbar und kritisch:
  - Verantwortung des Menschen nun nicht mehr nur für sich selbst, sondern für die gesamte Biosphäre und das Überleben der Menschheit; Grund: menschliche Macht der Zerstörung (vgl. Z. 31–38)
  - Es gibt die Pflicht gegenüber dem allgemeinen Leben (vgl. Z. 38–40)

3 Stoffsammlung als Vorbereitung für die Gliederung und Ausarbeitung

Textsorte	philosophische Abhandlung (Textauszug)
Thema	Verantwortung des Menschen gegenüber der Natur
Autor und Adressat	• Der Autor bleibt hinter dem Text, nennt sich selbst lediglich zweimal im „wir“ (Z. 22, 25). • Gerichtet ist der Textauszug an jene, die sich über die Aufgabe und Verantwortung des Menschen Gedanken machen.
Inhalt und Aufbau	1. Der Mensch ist aufgrund seines Verstandes in der Lage, Technik zu entwickeln, die der Natur Schaden zufügen und die auch ihn selbst in Lebensgefahr bringen kann. 2. Der altgriechische Philosoph Aristoteles sah den Menschen – trotz seiner verstandesmäßigen Überlegenheit – noch als Teil der Natur und glaubte, er würde der Natur aus Vernunftgründen nichts zuleide tun. 3. Diese Ansicht hat sich als Irrtum herausgestellt. Der Mensch ist eine Störung der Natur, er entkommt dem natürlichen Selbstregulationsmechanismus und die Natur ist so ausschließlich von der „moralischen Begabung“ des Menschen abhängig. 4. Die Macht des Menschen im 20. Jahrhundert birgt ein derart großes Zerstörungspotenzial, dass sie gepaart sein muss mit dem Bewusstsein der Verantwortung für alles Leben auf dieser Erde.

Sprache	• sachlich, komplex, wissenschaftlich • komplexe Satzstrukturen: häufig Satzgefüge aus mehreren über- und untergeordneten Sätzen → häufiges Voranstellen von kohärenz-schaffenden Präpositionen, Pronomen und Umstandsadverbien, welche diese in den Fokus des Lesenden rücken, z. B.: – „Erst mit …“ (Z. 1) – „Kein größeres Wagnis …“ (Z. 4) – „Für ihn war …“ (Z. 11) – „Im Menschen …“ (Z. 21) – „In diesem Jahrhundert …“ (Z. 31) • weitgehendes Fehlen von Sprachbildern und Stilfiguren, lediglich: – Personifikationen der Natur: „Wagnis eingehen“ (Z. 4 f.) und „Schicksal der Natur“ (Z. 28) – Alliterationen, z. B. „Wesen des weltunabhängigen Wissens und Willens“ (Z. 28 f.) – Metapher: „ihre Wirklichkeit reifte langsam“ (Z. 29 f.) • auffällig: Nomen insbesondere aus den Bereichen Intellekt, Natur, Verantwortung und Gefahr: – Themenbereich „Intellekt“: Verstand/ Intellekt/ Denken/ Vernunft/ technische Zivilisation/ Kontemplation/ Wissenschaft – Themenbereich „Gefahr“: Gefahr/ Wagnis/ Macht/ Zerstörung – Themenbereich „Natur“: Natur/ Sicherheit der Selbstregulierung/ Zeitmaße der Evolution/ Zustand der Biosphäre/ Überleben der Menschenart – Themenbereich „Verantwortung“: Verantwortung/ moralische Begabung/ Pflicht/ Solidarität
Schreibhaltung	eindringlich, logisch schlussfolgernd, überzeugend
Funktion	Die Appellfunktion folgt aus der Argumentationslinie: Der Text stellt die Verantwortung des Menschen dar, die sich aus seiner im Verstand wurzelnden Machtposition ergibt.

3. Phase **Erstellen Sie eine Gliederung nach den wesentlichen Kriterien einer Textanalyse und folgen Sie dabei den Schwerpunkten der Aufgabenstellung.**

Einleitung

Hier nennen Sie Titel, Autor, Textsorte, Erscheinungsjahr und Thema des Textes.

Hauptteil

Analysieren Sie den Text hinsichtlich folgender Aspekte:

- Inhalt und Aufbau (Arbeitsauftrag 1)
- formale und sprachliche Analyse (Wortwahl, Syntax, Stilfiguren) (Arbeitsauftrag 2)
- Zusammenhang von Form/Sprache und Inhalt (Arbeitsauftrag 3)

Schluss

Runden Sie Ihre Arbeit ab, indem Sie die Relevanz des Textes beurteilen, d. h. dessen Funktion bzw. Intention darstellen und einen Aktualitätsbezug herstellen. (Arbeitsauftrag 4)

4. Phase **Verfassen Sie eine Textanalyse.**

Lösungsvorschlag

Einleitung: *Autor, Titel, Textsorte, Erscheinungsjahr, Thema*

In seinem 1979 erschienenen philosophischen Text „Störung des symbiotischen Gleichgewichts durch den Menschen" behandelt Hans Jonas die Stellung des Menschen in der Natur. Wie der Titel bereits vorwegnimmt, stört der Mensch ihr Gleichgewicht. Seine Außenseiterrolle gründet in der Fähigkeit, logisch zu denken und Technik zu entwickeln. Diese Überlegenheit bedeutet eine Gefahr.

Hauptteil: *Inhalt und Aufbau*

Der Autor bietet einen kurzen Rückblick auf philosophische Überlegungen des Aristoteles, welcher noch glaubte, der Mensch würde – eben aufgrund seiner Vernunft – der Natur nicht schaden. Es ist jedoch nicht die Vernunft, sondern die „moralische Begabung" (Z. 21 f.) des Menschen, die ihn – möglicherweise – die Natur schonen lässt. Das sei jedoch eine schwache Absicherung, so Jonas. Worauf laufen seine Ausführungen hinaus? Die Macht des Menschen im 20. Jahrhundert birgt ein derart großes Zerstörungspotenzial, dass sie gepaart sein muss mit dem Bewusstsein der Verantwortung für alles Leben auf dieser Erde.

Hans Jonas schreibt in einer anspruchsvollen Sprache für Leser/innen, die sich Gedanken machen. Besonders in der ersten Hälfte ordnen einige Fachtermini wie „Teleologie", „Physis" oder „Kontemplation" (Z. 8, 9, 14) den Text der Philosophie zu, einzelne Begriffe stammen auch aus dem Bereich der Naturwissenschaft, z. B. „Evolution" (Z. 26) und „Biosphäre" (Z. 35). Diese beiden Gebiete nehmen also durchaus aufeinander Bezug. Komplexe Satzgefüge spiegeln sowohl den hohen intellektuellen Entwicklungsstand und damit die Machtfülle des Menschen als auch die argumentativ-schlussfolgernde Natur der Gedankenführung des Autors. Häufig stellt Hans Jonas Präpositionen, Pronomen und Umstandsadverbien – oft in Verbindung mit Nomen – an den Satzanfang und hebt so deren Aussage hervor. „Erst mit der Überlegenheit des Denkens" (Z. 1) betont die ausschließende und gleichzeitig die zeitliche Besonderheit dieses menschlichen Denkens in der Evolutionsgeschichte. Dem „Herausfallen" des Menschen aus der Symbiose mit der Natur entspricht die Hervorhebung „Im Menschen […]" (Z. 21) am Satzbeginn. Die Voranstellungen repräsentieren also gleichsam die Position des Menschen innerhalb der Natur.

Adressat

Sprache/Wortwahl

Syntax

Voranstellung als bewusst eingesetztes Mittel der Hervorhebung

Auf der lexischen Ebene lassen sich viele Nomen in die Bereiche Intellekt, Macht, Gefahr, Natur und Verantwortung einordnen. Sie vernetzen den gesamten Text und schaffen so den thematischen und inhaltlichen Zusammenhang. Verstand, Wissenschaft, Macht, Gefahr und Zerstörung stehen der Natur, Verantwortung und Pflicht gegenüber.

Verknüpfung von Sprache und Inhalt

Wo zeigt sich der Verfasser explizit, der bei größtmöglicher Sachlichkeit doch auch aufrütteln möchte? Ganz klar ergreift er z. B. Partei für die Sache der Natur, wenn er feststellt: „Es hat etwas Erschreckendes an sich […]" (Z. 24). Darüber hinaus spricht er warnend von der „Macht" des Menschen – allein im letzten Absatz viermal (vgl. Z. 32, 37 f.). Aus dieser leitet der Philosoph zweimal „Verantwortung" (Z. 33 f.) und letztlich die „Pflicht" (Z. 38) ab, der sich die Politik in ihrer Gesetzgebung, insbesondere jedoch auch jeder Einzelne von uns stellen muss. Es ist die Pflicht, bewusst und sparsam mit allen Ressourcen umzugehen und die Anwendung von technischen Errungenschaften streng auf Sinn und Notwendigkeit hin zu überprüfen. Damit verwendet Jonas Worte, die heute – angesichts des rasanten technischen Fortschritts, Klimawandels und Raubbaus an der Natur – zunehmend schwerer wiegen.

Schluss:

Haltung des Autors sein Anliegen

Aktualität

Aufgabe: Verfassen Sie eine Zusammenfassung.

Situation

Für eine Projektarbeit zum Thema „Jugendliche gestalten ihre Zukunft“ sollen Sie einen Beitrag zu den Werten und Einstellungen Jugendlicher heute schreiben. Sie beschäftigen sich dazu mit dem Interview eines Jugendforschers und fassen dessen wesentliche Aussagen zusammen.

Arbeitsanweisung

Lesen Sie das Interview „Eine Generation verhinderter Spießer“, das auf der Homepage von *Der Standard* veröffentlicht wurde.

Schreiben Sie nun die Zusammenfassung und bearbeiten Sie dabei folgende Arbeitsaufträge:

- Benennen Sie die Themen, zu denen sich der Jugendforscher Philipp Ikrath äußert.
- Geben Sie die Ergebnisse seiner Forschungen zu Werten und Einstellungen von Jugendlichen wieder.
- Setzen Sie diese Ergebnisse zueinander in Beziehung.

Wortanzahl: 270–330

Textbeilage

Eine Generation verhinderter Spießer (Interview)

VON LISA NIMMERVOLL

Jugendforscher Philipp Ikrath über das feine Gespür der apolitischen Jugend für das Politische, ihre Sehnsucht nach Idylle mit Golden Retriever, passive Solidaritätsrufe, Drama-Kick und düster-rosige Zukunftsvisionen

STANDARD: Wie politisch ist denn die heutige Jugend eigentlich?

PHILIPP IKRATH: Wenn man unter dem Politischsein die Bindung an politische Akteure, ob an Parteien oder aber auch an Neue Soziale Bewegungen, versteht, kann man die Jugendlichen als apolitisch bezeichnen. Solche Themen sind nur für eine kleine Minderheit interessant. Das heißt aber nicht, dass Jugendliche sich nicht für genuin politische Themen interessieren würden. Für solche, die in ihrer Lebenswirklichkeit vorkommen oder die ihnen Angst machen, wie der Rückbau des Sozialstaates, Bildung bis hin zu Rauchverboten, haben sie ein feines Gespür. Nur sind das in ihrer Wahrnehmung eben keine „politischen" Themen. Mit Politik verbinden sie vor allem das System der Parlamente, Parteien und Regierungen.

STANDARD: Mit welchen Etiketten lässt sich die Jugend heute am ehesten beschreiben?

IKRATH: Man könnte sie als eine Generation verhinderter Spießer bezeichnen. Sie sehnen sich nach einem Leben mit heiler Familie, Haus im Grünen und Golden-Retriever-Welpen. In der Realität sind sie aber mit überzogenen Mobilitätsanforderungen, ständigem Leistungsdruck und beinhartem Konkurrenzkampf konfrontiert, was ein unauffälliges, dafür aber zufriedenes Leben für sie zunehmend utopisch erscheinen lässt.

STANDARD: Sie haben im Frühjahr eine Jugend-Wertestudie vorgelegt. Welche Werte sind da wichtig?

IKRATH: Im Zuge der Globalisierung – und der damit verbundenen steigenden Komplexität und Unsicherheit – sowie der Zunahme rationaler, ökonomischer Denkmuster in allen Lebensbereichen rücken Familie und Freunde wieder in den Fokus. Hier findet man den sicheren Rück- und Zusammenhalt und die emotionale Wärme, die man in der „Welt da draußen" vergeblich sucht.

STANDARD: Wo rangiert da Politik?

IKRATH: Im Leben der meisten Jugendlichen hat die Politik schon über die letzten 20 Jahre hinweg keine große Rolle gespielt. Und daran hat sich wenig geändert. Was sich geändert hat, ist die Einstellung der Jugendlichen zur

Politik. Von betont kritischer Distanz oder freundlichem Gewährenlassen ehedem hin zu tiefem Misstrauen und offen zur Schau gestelltem Desinteresse heute.

STANDARD: Was ist den Jugendlichen wichtig, auf das die Politik potenziell Einfluss hat?

IKRATH: Wichtig ist ihnen in all diesen Bereichen, dass die Politik ihren individuellen Zielen nicht im Wege steht. Das bedeutet etwa, dass man Gerechtigkeit so lange hochhält, solange man selbst nichts abgeben muss. Solidarität wird zwar gerne eingefordert, aber ungern selbst geübt. [...]

STANDARD: Gibt es in dieser krisenhaften Zeit (Euro, Jugendarbeitslosigkeit etc.) auch vermehrt ein Bedürfnis nach „starken" Politikern?

IKRATH: Den sprichwörtlichen „starken Mann" als autoritäre Führerfigur lehnen junge Menschen ab, die Demokratie gilt ihnen ganz klar als die beste Staatsform. Was sie aber wollen, sind starke demokratische Politiker, die sich gegen die Macht der Märkte auflehnen, eine „starke Demokratie, die aufstampft und Maßnahmen ergreift", um es in den Worten einer Jugendlichen aus der Jugend-Wertestudie 2011 auszudrücken.

STANDARD: Wie reagieren Jugendliche auf die aktuellen Krisen – Rückzug ins private, kleine Glück?

IKRATH: Die Jugendlichen entkoppeln die Entwicklung der Gesellschaft immer stärker von der jeweils persönlichen. Die Zukunft des Gemeinwesens sehen sie düster, die eigene rosig. Deswegen haben die meisten auch das Gefühl, von der Krise nicht persönlich betroffen zu sein, und wenn doch, wird diese Betroffenheit selten als existenziell erlebt.

STANDARD: Welche Rolle spielen für die junge Generation gesellschaftlicher Zusammenhalt oder zivilgesellschaftliches Engagement?

IKRATH: Die Jugendlichen nehmen sehr klar gesellschaftliche Entsolidarisierungstendenzen wahr und beklagen diese auch, da sie sich, etwa angesichts der Pensionsdebatte, als deren Hauptleidtragende sehen. Fast die Hälfte von ihnen hat das Gefühl, auf sich alleine gestellt zu sein und von niemandem Hilfe erwarten zu können. Deswegen ist die Bereitschaft zu langfristigem gesellschaftlichem Engagement gering ausgeprägt, zuerst möchte man das eigene Wohlergehen sicherstellen. Wenn man sich für andere einsetzt, dann passiert das eher punktuell in informellen, nicht organisationsgebundenen Zusammenhängen im eigenen Alltag.

Quelle: Der Standard, 29. 08. 2012

Anmerkung zum Autor:
Philipp Ikrath (32) ist Senior Researcher am Institut für Jugendkulturforschung und leitet dessen Department Hamburg. Dort arbeitet er auch in der Geschäftsleitung der tfactory Hamburg, die auf Marktforschung und Marketing für Jugendliche und junge Erwachsene spezialisiert ist.

Lösungsvorschlag

***Einleitung** mit Basisinformationen*

In dem Interview „Eine Generation verhinderter Spießer" von Lisa Nimmervoll, erschienen am 29. 08. 2012 in der Onlineausgabe von *Der Standard*, legt der Jugendforscher Philipp Ikrath die Werte und Einstellungen heutiger Jugendlicher dar und bezieht sich dabei auf Ergebnisse seiner Jugend-Wertestudie.

Hauptteil:

Stellenwert von Politik für Jugendliche

Zunächst geht Ikrath darauf ein, welchen Stellenwert Politik für Jugendliche besitzt. Er stellt fest, dass sich die Mehrheit kaum für Politik interessiere und dabei Politik mit ihren Institutionen gleichsetze. Ihre gleichgültige Haltung zeigten Jugendliche demonstrativ. Dies gelte jedoch mit einer Einschränkung: Jugendliche bekundeten durchaus Interesse, wenn politische Themen ihre Lebenswelt beträfen, dabei forderten sie, dass diese nicht mit eigenen Zielen kollidieren sollten.

Wert von Familie und Freunden

Der Jugendforscher betont darüber hinaus den hohen Wert von Familie und Freunden für heutige Jugendliche. Diese Einstellung entspringe der Sehnsucht nach einem Ort der Sicherheit und Geborgenheit, den sich viele im Privaten erhofften. Mit diesem von Ikrath als „spießig" bezeichneten Wunsch reagierten die Jugendlichen auf veränderte gesellschaftliche Rahmenbedingungen wie erhöhte Unsicherheit und Komplexität sowie steigenden Leistungsdruck und Konkurrenzkampf.

Reaktion auf veränderte gesellschaftliche Rahmenbedingungen

Einstellung zur Staatsform und zu Politikern

Weiters hält Ikrath fest, dass die Befragten eindeutig die bestehende Staatsform der Demokratie favorisierten, sich jedoch Politiker wünschten, die sich weniger dem Diktat der Wirtschaft unterwerfen.

Einschätzung der Zukunftsaussichten

Hinsichtlich der Zukunftsaussichten weist der Jugendforscher auf zwei entgegengesetzte Trends hin: Während die Mehrheit die gesellschaftliche Zukunft negativ sehe, schätze sie die eigenen Aussichten als positiv ein.

Stellenwert von sozialem Engagement

Das Interview schließt mit den Ergebnissen Ikraths zum sozialen Engagement von Jugendlichen. Mit dem zunehmenden Gefühl, auf keine gesellschaftliche Hilfe zählen zu können, schwinde die Bereitschaft, sich in Organisationen zu engagieren. Persönlichen Einsatz zeigten Jugendliche vielmehr im nicht-institutionalisierten, privaten Umfeld.

Schluss

Setzt man Ikraths Ergebnisse zueinander in Beziehung, ergibt sich folgendes Bild von den Werten und Einstellungen der Jugend heute: Eine offenbar tief sitzende Skepsis gegenüber Institutionen bildet den Hintergrund sowohl des politischen Desinteresses als auch der geringen Bereitwilligkeit, sich in institutionalisierten Organisationen sozial zu engagieren. Daneben wird ein Rückzug ins Private erkennbar: Die Mehrheit der Jugendlichen ist zu Engagement im persönlichen Umfeld bereit und betont den Wert der Familie. Die Konzentration auf das Privatleben erklärt auch, warum viele Jugendliche optimistisch in die eigene – jedoch nicht die gesamtgesellschaftliche – Zukunft blicken.

Aufgabe: Verfassen Sie einen Kommentar.

Situation

Die regionale Tageszeitung plant eine Sonderbeilage zum Thema „Familie und Kinder". Als Jugendliche/r werden Sie gebeten, einen Gastkommentar zu verfassen, in dem Sie die aktuelle Einstellung von Jugendlichen zum Thema Kinder und Familie beschreiben.

Arbeitsanweisung

Lesen Sie dazu den Bericht „Lieber kinderlos als ‚Rabenmutter'" aus der Tageszeitung *Die Presse* vom 17. 12. 2012 (Textbeilage 1) und betrachten Sie die Grafiken „Familienwünsche von Jugendlichen" (Textbeilage 2) und „Wichtigkeit unterschiedlicher Lebensbereiche für 16- bis 24-Jährige" (Textbeilage 3) von den Internetseiten *www.kleinezeitung.at* und *www.oif.ac.at*.

Verfassen Sie nun den Kommentar mit passendem Titel und bearbeiten Sie dabei folgende Arbeitsaufträge:

- Geben Sie die Aussagen des Berichts „Lieber kinderlos als Rabenmutter" kurz wieder.
- Vergleichen Sie die Wertvorstellungen Jugendlicher (Textbeilage 2 und 3) mit den Textaussagen (Textbeilage 1).
- Nehmen Sie zu dem Widerspruch zwischen sinkender Geburtenrate und dem Wunsch nach Familie bei den Lebensentwürfen Jugendlicher Stellung.

Wortanzahl: 540–660

Textbeilage 1

Kinderwunsch: Lieber kinderlos als „Rabenmutter“

VON KARL GAULHOFER UND ULRIKE WEISER

Warum bekommen Frauen so wenige Kinder? Eine deutsche Studie zeigt, dass sich viele die Elternrolle nicht mehr zutrauen. Zudem gibt es zunehmend andere Ziele im Leben. Das gilt auch für Österreich.

Berlin/Wien. Warum werden in Deutschland und Österreich so wenige Kinder geboren? Und was kann die Politik tun, um das zu ändern? Neue Antworten sucht eine aktuelle Studie des deutschen Bundesinstituts für Bevölkerungsforschung. Auf den ersten Blick sind die Daten ernüchternd: Die Gesamtfertilitätsrate[1] verharrt in beiden Ländern auf niedrigem Niveau (Deutschland: 1,39, Österreich: 1,43). Es scheint, dass der Staat vergebens Milliarden investiert, um junge Paare zum Kinderkriegen zu überreden.

Doch die deutschen Mikrozensus-Daten enthüllen durch einen Ost-West-Vergleich interessante Details. Während in der alten Bundesrepublik die Geburtenrate seit Anfang der Siebzigerjahre stagniert, gibt es in den neuen Ländern Bewegung: Seit einem Tiefpunkt um die Zeit der Wende steigt die Fertilität an und liegt nun knapp über dem Wert des Westens. Zudem gibt es im Osten viel weniger Frauen, die kinderlos sind und es bleiben wollen. Wo liegt der Unterschied? Offenbar nicht bei staatlichen Anreizen wie dem Kindergeld, die es im ganzen Land gibt. Große Differenzen finden sich dafür bei der Einstellung der Gesellschaft zu berufstätigen Müttern. Der Aussage „Ein Kleinkind wird wahrscheinlich darunter leiden, wenn die Mutter berufstätig ist“ stimmen in Westdeutschland 63 Prozent zu, im Osten nur 36 Prozent.

Land der Krippenskeptiker

Die Folge aus Sicht der Autoren: Es gehe nicht nur um fehlende Betreuungsplätze. Es gehe vor allem um „die eigene Vorstellung“ der Frauen, „dass sie als Mutter die Betreuung ihres Kindes an niemanden guten Gewissens delegieren können“. So verzichten viele auf das Kinderkriegen und konzentrieren sich auf ihren Beruf. Lieber gar nicht Mutter als Rabenmutter. In Österreich ist es noch extremer: Der Studie zufolge stehen sogar 65 Prozent der Befragten berufstätigen Müttern von Kleinkindern skeptisch gegenüber […].

Warum? Isabella Buber-Ennser, Forscherin am Institut für Demografie der Österreichischen Akademie der Wissenschaft, nennt mehrere Gründe: die traditionellen Rollenbilder oder die – im Vergleich zu Skandinavien – hohe Konzentration der Verantwortung auf die Mutter. Jedoch spiele auch die Qualität der Krippen eine Rolle: „Wenn die Betreuungseinrichtungen Aufbewahrungsstätten sind, haben die Mütter das Gefühl, ihr Kind abzuschieben." Das heißt: Die Politik kann sich beim Kinderbetreuungsangebot nicht mit dem Argument aus der Verantwortung stehlen, dass Frauen bloß am „Rabenmutter-Komplex" laborieren. Interessant ist auch, dass der Bildungsgrad der Befragten die Meinung zur außerhäusigen Kleinkinderbetreuung ändert: Je gebildeter, desto geringer die Skepsis.

Generell, sagt Buber-Ennser, lassen sich (west-)deutsche Studienergebnisse auf Österreich umlegen. Ähnlich wie in Deutschland gibt es auch hier einen fixen, leicht steigenden Anteil von kinderlosen Frauen – von 20 Prozent, bei Frauen mit Uni-Abschluss 30 Prozent. Die Hälfte davon „rutscht" in die Kinderlosigkeit (weil die Frauen zu lange warten etc.), die andere Hälfte entscheidet sich bewusst. Denn auch das zeigt die deutsche Studie: Kinder werden nicht mehr unbedingt als „Quelle von Lebensfreude und Zufriedenheit" wahrgenommen. Beruf, Freunde – man hat zunehmend andere Ziele im Leben. Für Buber-Ennser hat das auch sein Positives: Der gesellschaftliche Druck, wie genau ein erfülltes Leben auszusehen hat, nimmt ab.

Keine Trendumkehr in Sicht

Wie geht es weiter? Für Deutschland zeichnet die Studie folgendes Bild: Im Osten steigt die Geburtenzahl, doch dominiert aus wirtschaftlichen Gründen die Einkindfamilie, womit sich eine ähnlich niedrige Geburtenrate wie im Westen ergibt. Offen bleibt, ob die Trendwende im Osten nachhaltig ist oder ob Frauen nur Geburten „nachholen", die sie in den Umbruchzeiten hinausgeschoben haben. Die Frage stellt sich auch in einigen Ländern Osteuropas. In Spanien und Italien – in Ländern ohne Umbruchsphase – zeigt die Kurve aber auch so nach oben. In Österreich und Westdeutschland bleibt die Trendwende aus. Laut Studie hat das vor allem mit der Einstellung zur Familie zu tun. Dafür sprechen Daten aus Frankreich oder Belgien. Dort gibt es höhere Geburtenraten sowie mehr mehr Akzeptanz für berufstätige Mütter.

Quelle: http://diepresse.com/home/bildung/erziehung/1324991/Kinderwunsch_Lieber-kinderlos-als-Rabenmutter; erschienen am 17.12.2012

Worterklärung:

1 *Fertilitätsrate:* Geburtenrate (von lat. fertilitas: Fruchtbarkeit, Fortpflanzungsfähigkeit)

Textbeilage 2

Familienwünsche von Jugendlichen

GRAFIK

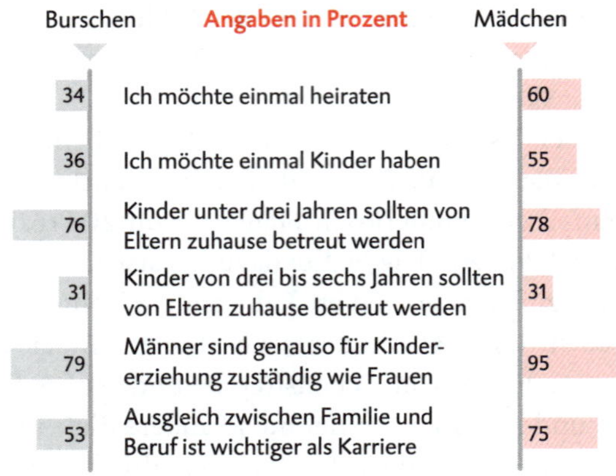

800 Jugendliche zwischen 14 und 24 Jahren gefragt, April/Mai 2011

Quelle: *APA-Grafik/ picture-desk*

Textbeilage 3

Wichtigkeit unterschiedlicher Lebensbereiche für 16- bis 24-Jährige

GRAFIK

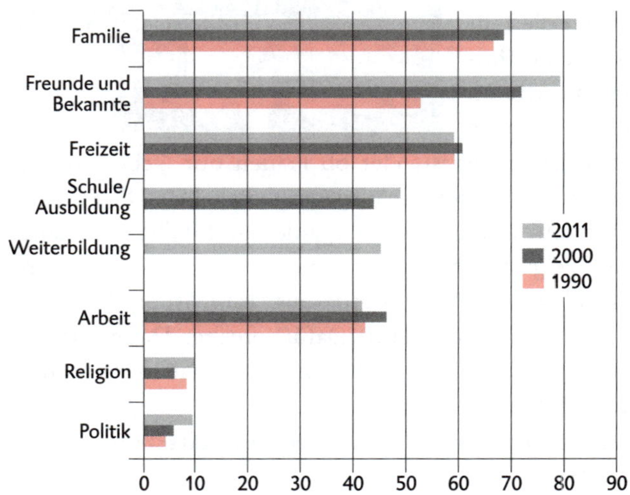

Daten: repräsentativ für 16- bis 24-Jährige in Österreich

Datenquelle: Jugend-Wertestudie 2011

Lösungsvorschlag

Ihr Kinderlein kommet … oder auch nicht!
Von der Qual der Wahl zwischen Kind und Karriere

Einleitung: Thema bzw. Problemstellung

„Österreich stirbt aus“, „Niedergang der Familie“ und ähnliche, fast schon horrormäßig wirkende Meldungen beherrschen in den letzten Jahren die Presse, wenn es um das Thema Familienpolitik geht. Und tatsächlich ist es ja so, dass die Familiengründung heutzutage längst nicht mehr selbstverständlich ist. Doch muss deswegen gleich von einem Niedergang gesprochen werden? Ob es wirklich so schlimm um unsere Gesellschaft bestellt ist, soll im Folgenden genauer untersucht werden.

Hauptteil: Hauptursache für niedrige Geburtenrate: gesellschaftliche Einstellung (vgl. Textbeilage 1)

Mit der Frage nach der Bedeutung von Kindern im eigenen Lebensentwurf setzt sich auch der Bericht „Kinderwunsch: Lieber kinderlos als ‚Rabenmutter‘“ von Karl Gaulhofer und Ulrike Weiser, der am 17. 12. 2012 in der „Presse“ erschienen ist, auseinander. Statistisch unzweifelhaft belegt ist demnach die auf einem niedrigen Niveau stagnierende Geburtenrate, die in Österreich bei 1,43 Kindern pro Frau liegt. Diese habe ihre Ursache weniger in einer mangelnden staatlichen Förderung als in der vorherrschenden gesellschaftlichen Einstellung zu berufstätigen Müttern. Noch immer sitze in den Köpfen der Menschen der Gedanke, dass eine Mutter, die ihr Kleinkind in fremde Hände gibt – und seien diese Hände noch so geschult in der Kinderbetreuung –, eine „Rabenmutter“ ist. Und um diese Stigmatisierung zu vermeiden, entschieden sich viele Frauen ganz gegen Kinder. So leicht das Wort „Rabenmutter“ so manchem über die Lippen geht, so wenig spricht man dagegen von „Rabenvätern“. Beides Hinweise darauf, dass traditionelle Rollenbilder und die damit verbundene Arbeitsteilung längst noch nicht passé sind.

Wertvorstellungen Jugendlicher (vgl. Textbeilage 2 und 3) als Widerspruch zum festgestellten Trend der Kinderlosigkeit: Stellungnahme

Dabei würden sich – laut einer Studie des Ministeriums für Wirtschaft, Familie und Jugend – viele junge Leute beiden Geschlechts eine gleichberechtigte Rollenverteilung wünschen, und auch die Familie hat an Wertigkeit nicht verloren. Sie halten laut der Jugendwerte-Studie von 2011 weit über 80 Prozent der jungen Erwachsenen für sehr wichtig. So führt auch der Bericht von Gaulhofer und Weiser aus, dass nur die Hälfte der kinderlosen Frauen sich ganz bewusst gegen Kinder entschieden hat, um andere Lebensziele wie Erfolg im Beruf oder spannende Aktivitäten mit Freunden erreichen zu können. Die andere Hälfte ist mehr oder weniger unabsichtlich in die Kinderlosigkeit geraten, eben weil Kind und Karriere immer noch so schwer zu vereinbaren sind. Die meisten jungen Menschen wollen also durchaus gerne eine Familie gründen, dafür aber auch auf keinen anderen Lebensbereich verzichten müssen. „Bei uns früher gab’s das nicht!“, hört man schon die Eltern- und

Großelterngeneration unken. Doch ist es wirklich so schlimm, dass die jungen Erwachsenen Ansprüche stellen und sich nicht mit der Fokussierung auf nur einen (den traditionellen) Lebensweg abspeisen lassen? Es ist wahr, dass es eine solche Diskussion früher gar nicht gab, sondern der Weg für die Frau (und im Übrigen auch für den Mann) von Anfang an vorgezeichnet war. Aber wer behauptet denn, dass dieser Weg der alleinseligmachende ist? Ist es in dieser Hinsicht nicht besser, die Qual der Wahl und vielleicht weniger Kinder, als gar keine Wahl und dafür Kinderreichtum zu haben? In einer modernen Gesellschaft kann es nicht das Mittel der Wahl sein, die Geburtenrate durch Zwang und mangelnde Alternativen zu erhöhen. Denn der Wunsch nach Kindern und Familie ist ja durchaus vorhanden, nur eben nicht als einziger. Wenn sich also nicht einmal die Hälfte der 14- bis 24-jährigen Befragten dazu bekennen, dass sie später einmal Kinder haben wollen, beweist das weniger einen mangelnden Kinderwunsch als vielmehr eine elementare Verunsicherung angesichts der miteinander konkurrierenden eigenen Vorstellungen und gesellschaftlichen Zwänge. Somit kann es wohl nur das Ziel eines Staates sein, der eine Steigerung der Geburtenrate wünscht, den Jugendlichen diese Verunsicherung zu nehmen und das Streben nach Vereinbarkeit der verschiedenen Wünsche zu unterstützen.

Schlussfolgerung und Appell

Gerade in einer pluralistischen Demokratie sollten dem mündigen Bürger, egal welchen Geschlechts, viele verschiedene Lebensmodelle offenstehen. Freuen wir uns also erst einmal an der Freiheit, die Qual der Wahl überhaupt zu haben, und arbeiten künftig nicht daran, den Weg rückwärts zu beschreiten und sie wieder zu verlieren, sondern die angebotenen Möglichkeiten leichter kombinierbar zu machen. Dann kommen die Kinder wieder wie von selbst!

Aufgabe: Verfassen Sie eine Textanalyse.

Situation

Im Rahmen der schriftlichen Reifeprüfung Deutsch sollen Sie nachweisen, dass Sie Texte analysieren können.

Arbeitsanweisung

Lesen Sie den Text „Mein Handy klingelt“ von Andrea Kalmer.

Verfassen Sie nun die Textanalyse und bearbeiten Sie dabei folgende Arbeitsaufträge:

- Beschreiben Sie das Thema und die Intention des Textes von Andrea Kalmer.
- Untersuchen Sie Sprache und Aufbau von „Mein Handy klingelt“.
- Beurteilen Sie die Wirkung von Andrea Kalmers Text auf die Leserin/den Leser.

Wortanzahl: 540–660

Textbeilage

Mein Handy klingelt

Von Andrea Kalmer

Ich persönlich glaube fest daran, dass Handys eine Erfindung absolutistischer Außerirdischer sind, die unsere Erde beherrschen wollen. Sie werden irgendwann einfach unter uns sein und niemand wird es merken, weil wir sowieso ständig mit dem Handy beschäftigt sind. Und immer, wenn jemand fragt „sag mal, hast Du den grünen Typen mit den Antennen auf dem Kopf gesehen?“ kann man nicht richtig hinsehen, weil gerade das Handy klingelt.

Das Handy ist ein schleichendes Nervengift. Es tötet die Nervenzellen, die für Freundschaft, Vertrauen und innere Ruhe verantwortlich sind. Und außerdem hat man keine Zeit mehr zum lesen, ausruhen, abschalten. Das Handy klingelt überall und immer. Es beherrscht unser Leben. Sie glauben mir nicht? Ich erzähle mal ein ganz alltägliches Beispiel:

Wenn ich mich früher mit Heinz getroffen habe, haben wir vorher telefoniert und eine Uhrzeit ausgemacht. Und da es Heinz war, wusste ich, dass er sowieso eine Stunde zu spät kommt. Weil aber Ausnahmen die Regel bestätigen, war ich dennoch pünktlich und hatte ein Buch dabei, um die Wartezeit zu überbrücken.

Heute ist das so: Ich habe mit Heinz telefoniert und eine Uhrzeit ausgemacht. Und da er es ist, wusste ich, dass er sowieso eine Stunde zu spät kommt. Weil aber Ausnahmen die Regel bestätigen, bin ich dennoch pünktlich und habe ein Buch dabei, um die Wartezeit zu überbrücken. Bis hierhin hört sich das noch ganz normal an. Kaum sitze ich in meinem Café und schlage mein Buch auf, läutet das Handy. Es ist Heinz. „Tut mir leid, ich bin gerade erst von der Arbeit gekommen und muss mich noch frisch machen. Es wird etwas später.“ Nichts Neues. Ich murmele verständnisvolle Worte in das kleine Schwarze und erkläre, dass ich auf jeden Fall im Café warte, weil ich ja eh schon da bin. Wir legen auf, ich bestelle mir einen Cappuccino und schlage mein Buch auf.

Eine halbe Stunde später klingelt es wieder. Mir ist das immer noch peinlich, auch wenn das ganze Café ständig vom Handyläuten aller Gäste durchdrungen ist. Jedenfalls: es ist Heinz. „Ich fahre jetzt los, nur damit du Bescheid weißt.“ – „Ja, ist OK, ich bin ja hier“, sage ich und drücke die „Auflegen“-Taste. Zu schnell. Sekunden später klingelt es wieder. „Bist Du mir böse?“, fragt Heinz. Ich beruhige ihn und lasse mir dieses Mal Zeit beim Auflegen. Nach einer Viertelstunde (ich bin beim dritten Cappuccino) klingelt es erneut. Mein „Hallo“ klingt schon etwas angenervt. „Ich finde keinen Parkplatz, es wird noch ein paar Minuten dauern“, sagt Heinz. „Ist OK.“ sage ich und achte peinlich genau darauf, mir beim Wegdrücken Zeit zu lassen.

Nach dem letzten Klingeln („Ich habe jetzt einen Parkplatz und bin in fünf Minuten da!“) habe ich das Handy ausgestellt, mein Buch eingepackt, den Cappucino bezahlt und das Café verlassen. Von Heinz habe ich nichts mehr gehört, aber ich habe die 27 Mailboxansagen auch noch nicht abgehört.

Verstehen Sie jetzt, was ich meine? Handys komplizieren das Leben und zerstören Freundschaften. Sie rauben einem die Zeit zum Lesen Nachdenken, Weiterbilden und zerstören die innere Ruhe. Man gewöhnt sich daran, nichts mehr ohne dreifache Bestätigung über das Handy zu unternehmen. Man ist immer erreichbar, störbar, im Urlaub, im Bett, in der Badewanne, auf dem Klo.

Die absolutistische außerirdische Macht, die die Erde beherrschen will, weiß genau was sie tut. SIE hat uns das Handy gegeben. Mit seiner Hilfe wird der Gesamt-IQ der Menschheit rapide sinken, weil die Intellektuellen alle damit beschäftigt sind, zu telefonieren.

Sie meinen, man könnte das Ding auch abschalten? Rein technisch schon, allein um uns in dem Glauben zu lassen, wir hätten die Macht über die Handys. Aber es widerspricht dem menschlichen Wesen, Kommunikation abzulehnen. Und überhaupt ist man ja neugierig …

Ich habe versucht, mich vom Handy zu trennen. Als gar nichts mehr half, bin ich zu einem Psychologen gegangen, um den Entzug therapeutisch zu unterstützen. Aber so recht kommen wir nicht voran. Sein Handy klingelt bei jeder Sitzung mindestens fünf Mal.

Die Macht ist irgendwo da oben … äh, Entschuldigung, aber ich muß jetzt aufhören, zu schreiben … mein Handy klingelt …

Quelle: http://www.yolanthe.de/stories/kalmer02h.htm, © Andrea Kalmer

Lösungsvorschlag

Einleitung:
Nennen von Titel, Autor, Textsorte, Thema und Intention des Textes

In ihrer Glosse „Mein Handy klingelt“ kritisiert Andrea Kalmer den übermäßigen Einfluss von Handys, indem sie deren negative Auswirkungen darstellt. Der satirische Text will jedoch die Leser nur vordergründig mit überspitzten Argumenten und Beispielen von einer Herrschaft der Handys über die Menschen überzeugen. Die eigentliche Intention der Glosse besteht darin, die Leser zu unterhalten und sie zum Nachdenken über eine übertriebene Handynutzung und die damit einhergehende ständige Erreichbarkeit zu bringen.

Hauptteil:
Untersuchung des Textaufbaus

absurde Behauptung

These und knappe Begründung

Bevor die Verfasserin des Textes ihre eigentliche These nennt, gewinnt sie die Aufmerksamkeit der Leser durch eine absurde Behauptung: Handys seien eine Erfindung von Außerirdischen und deren Mittel zur Beherrschung der Welt. Gleichzeitig wird damit zur nun folgenden Hauptthese des Textes übergeleitet: Handys würden das Leben ihrer Besitzer beherrschen. Durch deren Allgegenwart würden den Menschen ihre Rückzugs- und Erholungsräume genommen und zwischenmenschliche Beziehungen schwer belastet.

ausführliches Beispiel

Dieser knappen Begründung folgt zur Illustrierung der genannten These ein ausführliches, übertriebenes Beispiel aus dem eigenen Erfahrungsbereich der Autorin: Sie stellt gegenüber, wie sich ein Treffen mit einem Bekannten in einer handyfreien Vergangenheit abgespielt hat und wie es sich heute unter dem Einfluss des Handys gestaltet. Dabei wird ein spöttischer Kontrast zwischen dem früheren Idealzustand und dem jetzigen defizitären Zustand aufgebaut. Dass der Bekannte beinahe im Minutentakt von seiner Verspätung per Handy berichtet und der Autorin dadurch die Ruhe dafür nimmt, die Wartezeit mit dem Lesen eines Buches zu überbrücken, veranlasst sie, die Freundschaft zu beenden.

weitere Begründung für die These

Wiederaufgreifen der anfänglichen Behauptung

Lösungsvorschlag entlarvt Verfasserin

Als Nächstes folgt eine Begründung der These, Handys würden das Leben ihrer Besitzer beherrschen, indem sie dieses verkomplizierten, Freundschaften genauso wie die innere Ruhe zerstörten und eine ständige Erreichbarkeit forderten. Anschließend greift die Autorin ihre anfängliche satirische Behauptung von der außerirdischen Herkunft der Handys wieder auf und unterstellt erneut einer höheren Macht die Absicht, den Menschen mit Handys schaden zu wollen. Die Verfasserin schließt mit dem scheinbaren Lösungsvorschlag, Handys abzuschalten oder gar wegzugeben. Dabei entlarvt sie sich selbst als intensive Nutzerin ihres Handys, der ein Verzicht nicht gelingt, obwohl sie dazu sogar therapeutische Hilfe in Anspruch genommen habe.

Untersuchung der sprachlichen Gestaltung

Die satirisch-unterhaltsame Grundhaltung des Textes spiegelt sich nicht nur in der verzerrten Argumentationsstruktur, sondern auch auf sprachlicher Ebene wider. So entsteht durch verschiedene sprachliche Gestaltungsmittel der Eindruck, dass die Autorin ihre Leser direkt ansprechen und überzeugen will. Unmittelbar an den Leser gerichtete Fragen („Verstehen Sie jetzt, was ich meine?“, Z. 42) tragen genauso dazu bei wie die Verwendung umgangssprachlicher Wendungen sowie Elemente der gesprochenen Sprache („äh, Entschuldigung“ in Z. 59 oder „angenervt“ in Z. 35). Der Eindruck einer mündlichen Kommunikationssituation wird durch Ellipsen (z. B. „Nichts Neues“, Z. 24), die Häufung von direkter Rede in der Café-Szene (vgl. Z. 17–40) und die Verwendung des Perfekts (vgl. Z. 38–41) verstärkt. Zahlreiche Fehler bei Rechtschreibung (z. B. „zum lesen, ausruhen, abschalten“, Z. 9; „ich muß“, Z. 59) und Zeichensetzung (z. B. „... weiß genau was sie tut.“, Z. 48; „„Ist OK.‘ sage ich“, Z. 36) erzeugen den Eindruck einer gewissen Flüchtigkeit und sind vielleicht auch der Tatsache geschuldet, dass es sich bei der Glosse um einen ausschließlich im Internet publizierten Text handelt. Daneben werden zur Erhöhung der Eindringlichkeit Akkumulationen (vgl. Z. 7–9, 43–46) verwendet, insbesondere in den beiden Absätzen, in denen die Allgegenwärtigkeit von Handys illustriert wird: „immer erreichbar, störbar, im Urlaub, im Bett, in der Badewanne, auf dem Klo“ (Z. 46). Durch die Wiederholung eines ganzen Absatzes (vgl. Z. 11–20) wird der beschriebene Kontrast zwischen dem vergangenen Ideal und der jetzigen Situation noch deutlicher. Dabei wirken die „27 Mailboxansagen“ (Z. 41) genauso hyperbolisch wie die Alliteration „absolutistische Außerirdische“ (Z. 1 f.).

Schluss:

Zusammenfassende Beurteilung des Textes und dessen Wirkung

Die überspitzte formale wie sprachliche Gestaltung des Textes provoziert beim Leser anfangs eine innere Abwehrhaltung und Verteidigung der Handynutzung. Erst indem sich die Autorin am Schluss als Heuchlerin entlarvt, verringert sich die Distanz. Obwohl bzw. gerade weil sich die Autorin also selbst in ihrem Text widerspricht, erreicht sie ihre eigentliche Absicht: ein Überdenken der ständigen Erreichbarkeit und des eigenen Handykonsums durch den Leser.

Aufgabe: Verfassen Sie einen offenen Brief.

Situation

Da das Mobiltelefon immer wieder Anlass für Probleme und Störungen im Schulalltag ist, fordert die Direktion Ihrer Schule ein generelles Handyverbot für die Schüler/innen. Sie verfassen deshalb einen offenen Brief an den SGA Ihrer Schule, der in Ihrer regionalen Tageszeitung veröffentlicht werden soll und in dem Sie dem Standpunkt der Schüler/innen zum Thema „Handyverbot an Schulen" Ausdruck verleihen.

Arbeitsanweisung

Lesen Sie den Bericht „Schulen diskutieren über ein Handyverbot" sowie das Interview „Es wird nicht mehr miteinander kommuniziert" und die Reaktionen zum Thema „Eltern und Schülervertreter sind skeptisch", verfasst von Oliver Scheiber und Ute Brühl, erschienen am 15. 05. 2013 in der Tageszeitung *Kurier*.

Verfassen Sie nun den offenen Brief und bearbeiten Sie dabei die folgenden Arbeitsaufträge:

- Erklären Sie anhand der Textvorlage, warum an verschiedenen Schulen über ein generelles Handyverbot diskutiert wird.
- Vergleichen Sie die Anliegen der einzelnen Schulpartner zu diesem Thema.
- Begründen Sie Ihre eigene Meinung zu einem völligen Handyverbot an Ihrer Schule.
- Appellieren Sie an die Mitglieder des SGA, sich Ihrem Standpunkt, was den Umgang mit Handys an Ihrer Schule betrifft, anzuschließen.

Wortanzahl: 540 – 660

Textbeilage 1

Schulen diskutieren über ein Handyverbot

Von Oliver Scheiber und Ute Brühl

Handys würden im Unterricht und in den Pausen stören. Stadtschulrat ist gegen ein Komplettverbot. Eltern und Schüler sind skeptisch.

In mehreren Wiener Schulen wird darüber diskutiert, ob Handys generell verboten werden sollen oder nicht. Einige Schulen überlegen ein Handyverbot zumindest in der Pause. Oft würden Handys den Unterricht stören, das Smartphone beherrsche die Pause, die Schüler würden nicht mehr miteinander, sondern nur mehr mit dem Handy kommunizieren, beklagen Lehrer. Gegenüber dem KURIER sprechen sich der Wiener Stadtschulrat, Eltern und Schülervertreter aber gegen ein totales Verbot aus *(siehe Reaktionen unten)*.

Die Zahlen sprechen eine eindeutige Sprache: Neun von zehn Jugendlichen haben ein Mobiltelefon, die Hälfte besitzt ein Smartphone, wie internationale Studien zeigen. Kurzum: Handys sind aus der Welt der Kinder und Teenager nicht mehr wegzudenken. An mehreren Wiener Schulen wird dennoch über ein mögliches Handyverbot beraten. Schülervertreter, Lehrer und Eltern sollen gemeinsam entscheiden, das Verbot nicht aus der Direktion verordnet werden.

Verbote und Diskussionen

So wird etwa im Gymnasium Wasagasse in Wien-Alsergrund darüber diskutiert, ob auch die Pausen in Zukunft handyfrei sein sollen. Direktor Johannes Bauer setzt aber auf einen breiten Konsens *(siehe Interview unten)*. In einigen Schulen wie etwa dem Bundesgymnasium Bad Vöslau in Niederösterreich oder im Gymnasium Contiweg in Wien-Donaustadt besteht bereits ein Handyverbot. Dort wird allerdings wieder über eine Aufhebung diskutiert. Die Schüler sollen einen bewussten Umgang mit dem Handy lernen, begründete Direktorin Monika Auböck die Diskussion gegenüber *Radio Wien*.

Stadtschulrat verweist auf Schul-Autonomie

Im Wiener Stadtschulrat verweist man bei dem Thema auf das Selbstbestimmungsrecht der Schulen. Durch die Schul-Autonomie gibt es vom Stadtschulrat keine Vorgaben, wie die Handynutzung geregelt ist. Schulen können aber im Rahmen der Schulpartnerschaft zwischen Eltern, Schülern und Lehrern mit einer Schulvereinbarung die Handynutzung selbst festlegen. Allerdings warnt ein Sprecher von Stadtschulratspräsidentin Susanne Brandsteidl vor einem generellen Handyverbot: „Vorsicht vor Regeln, die man nicht kontrollieren kann." Die Handynutzung während Schulstunden selbst sei im Unterrichtsgesetz geregelt: „Alles was den Unterricht stört, ist sowieso verboten."

Quelle: http://kurier.at/chronik/wien/wiener-schulen-ueberlegen-ein-handyverbot/12.477.444; erschienen am 15.05.2013

Textbeilage 2

Es wird nicht mehr miteinander kommuniziert

INTERVIEW

Im Bundesgymnasium Wien 9 in der Wasagasse in Wien-Alsergrund wird derzeit gerade über ein Handyverbot in den Pausen nachgedacht. Direktor Johannes Bauer pocht auf ein Miteinander, mit der Brechstange will er ein Verbot auf keinen Fall durchsetzen.

KURIER: Was sind die nächsten Schritte in Ihrer Schule?

JOHANNES BAUER: Wir befinden uns gerade in einer Diskussionsphase. Heute etwa haben die Klassensprecher und Schülervertreter darüber diskutiert. Am kommenden Freitag gibt es eine Sitzung des Schulgemeinschaftsausschusses. Dort möchte ich das Thema auf die Agenda setzen. Vielleicht schaffen wir eine gemeinsame Lösung.

KURIER: Gibt es einen konkreten Anlassfall?

JOHANNES BAUER: Die ständige Beobachtung, dass in den Pausen kaum mehr Kommunikation zwischen den Schülern stattfindet. Vereinfacht ausgedrückt ist es so, dass die Burschen auf dem Smartphone spielen, und zwar so, dass einer spielt und fünf schauen ihm dabei zu und die Mädchen in sozialen Netzwerken wie Facebook surfen oder nur via Chat-Plattformen wie etwa WhatsApp kommunizieren. Es gibt überhaupt keinen zwischenmenschlichen Austausch mehr, der gerade in der Schule eine Selbstverständlichkeit sein sollte.

KURIER: Wie stehen Schüler zum Verbot?

Johannes Bauer: Aus meinen Gesprächen mit Schülern weiß ich, dass vor allem die Kleinen gar nichts gegen ein Handyverbot in der Pause hätten. Wenn das Verbot in der Hausordnung steht, haben sie einen Grund, das Handy nicht zu verwenden. Von meiner Tochter – sie geht in das Gymnasium in der Roseggergasse in Perchtoldsdorf, wo es bereits ein Handyverbot in Pausen gibt – weiß ich, dass es funktioniert. Dort spielt niemand mehr in der Pause mit seinem Smartphone.

Kurier: Glauben Sie, dass es in Ihrer Schule funktionieren würde?

Johannes Bauer: Ich denke schon, aber wir wollen es nicht mit der Brechstange durchsetzen. Was wir versuchen wollen, ist eine Haltungsänderung zu erreichen. Wenn es ein Verbot gibt, dann deshalb, weil wir – Eltern, Lehrer und Schüler– es wollen. Von einem generellen Handyverbot halte ich allerdings nichts. Es gibt einfach gesellschaftliche Phänomene, denen wir uns nicht verschließen können.

Kurier: Wie wollen Sie ein Verbot kontrollieren?

Johannes Bauer: Ich könnte mir vorstellen, dass die Schüler einander gegenseitig kontrollieren und den Nachbarn, der mit seinem Smartphone spielt an das Verbot erinnern. Oder die Gangaufsicht passt auf. Bei groben Verstößen könnte ich mir vorstellen, dem betroffenen Schüler kurzfristig sein Handy abzunehmen.

Kurier: Wie würde das Verbot konkret umgesetzt?

Johannes Bauer: Wir müssten unsere Hausordnung ändern, dafür ist eine Zweidrittelmehrheit im Schulgemeinschaftsausschuss, bestehend aus Eltern, Lehrern und Schülern, notwendig.

Quelle: http://kurier.at/chronik/wien/wiener-schulen-ueberlegen-ein-handyverbot/12.477.444; erschienen am 15. 05. 2013

Textbeilage 3

Eltern und Schüler sind skeptisch

Reaktionen

Die Reaktionen seitens Schülern und Elternvertretern sind ähnlich. Ein generelles Handyverbot erachtet niemand für wirklich sinnvoll bzw. durchsetzbar.

Daniel Perschy, Obmann der Schülerunion Österreich:

„Ein völliges Handyverbot ist nicht umseztbar. In Schulen, in denen man Mobiltelefone verboten hat, hatten dann doch 100 Prozent der Schüler eines in ihrer Tasche. Besser wäre es, wenn in der Schule der richtige Umgang damit geübt wird. Ich habe ja später im Arbeitsleben auch immer ein Handy mit, ohne dass ich dauernd telefoniere oder SMS verschicke. Überhaupt kann man ein Handy – zumindest in den Oberstufen – mit in den Unterricht integrieren, so dass man lernt, wie man es sinnvoll einsetzt. Das Gleiche gilt für Schularbeiten. Die Fragen müssen so formuliert werden, dass ich das Handy oder einen Laptop als Hilfsmittel einsetzen kann."

Susanne Schmid vom Elternverband für höhere Schulen:

„Ein Verbot halte ich grundsätzlich für falsch. Während des Unterrichts und der Schularbeiten muss das Handy aus sein. Das ist klar. Und das soll auch in den Verhaltensregeln stehen, in denen auch Konsequenzen festgeschrieben werden, falls das Handy im Unterricht bimmelt. Grundsätzlich will ich als Mutter aber, dass ich mein Kind zumindest in den Pausen erreichen kann. Und es soll mich erreichen können."

Andreas Ehlers, Elternvertreter für Pflichtschulen:

„Während des Unterrichts soll das Handy aus bleiben. Das kann man aber in der Hausordnung festschreiben. Diese muss vom Schulgemeinschaftsausschuss bzw. vom Schulforum beschlossen werden."

Quelle: http://kurier.at/chronik/wien/wiener-schulen-ueberlegen-ein-handyverbot/12.477.444; erschienen am 15.05.2013

Lösungsvorschlag

Sehr geehrte Mitglieder des SGA,

Einleitung: Anlass für den Brief, Bezugnahme auf Textbeilagen

vor ein paar Tagen wurde die Forderung nach einem generellen Handyverbot in unserem Gymnasium bekannt. Als betroffene/r Schüler/in des … Gymnasiums möchte ich Ihnen gerne meine Sichtweise darlegen. Dabei nehme ich Bezug auf die Artikel „Schulen diskutieren über ein Handyverbot", „Es wird nicht mehr miteinander kommuniziert" und „Eltern und Schülervertreter sind skeptisch" von Oliver Scheiber und Ute Brühl, auf welche ich bei meinen Recherchen gestoßen bin. Diese sind am 15. 05. 2013 in der Online-Ausgabe des *Kuriers* erschienen.

Hauptteil: Begründung eines Verbots

Relevanz für die eigene Schule

Nicht nur an unserer Schule wird über ein völliges Handyverbot diskutiert, einige Schulen haben dieses sogar schon eingeführt und eine Nutzung des Mobiltelefons sowohl im Unterricht als auch in den Pausen verboten. Begründet wird dies damit, dass Handys den Unterricht stören und dass sich die Schüler in den Pausen lieber mit ihren Smartphones beschäftigen als miteinander zu reden. Außerdem seien viele jüngere Schüler für ein generelles Handyverbot und es gebe bereits positive Erfahrungen mit dem Verbot an anderen Schulen. Auch am … Gymnasium dürfen Schüler ihr Handy weder im Unterricht noch bei Schularbeiten benutzen, in den Pausen ist dies noch erlaubt – zu Recht, wie ich finde, da wir in diesen durchaus mehr persönlich miteinander als über das Handy kommunizieren!

Vergleich der Anliegen der einzelnen Schulpartner: Lehrer, Schüler, Direktoren, Eltern

Bei dem Thema „Mobiltelefone und Schule" wird vor allem den Lehrern Gehör geschenkt, die Handys als Störfaktor wahrnehmen. Ganz im Gegensatz dazu wünschen sich viele Schüler/innen eine Integration der Mobiltelefone in den Unterricht, um einen sinnvollen und bewussten Umgang mit diesen zu üben. Insgesamt scheinen sich die Direktoren nicht einig zu sein, wie am besten mit Mobiltelefonen an Schulen umgegangen werden soll, zumal es auch von Seiten der Stadt-/Landesschulräte keine Vorgaben gibt, sondern es sich vielmehr um Einzelregelungen jeder Schule handelt. Nicht zu vergessen ist der Standpunkt der Eltern, welche sich größtenteils gegen ein generelles Handyverbot aussprechen, da sie ihre Kinder in den Pausen gerne erreichen möchten.

Darstellung der eigenen Meinung; Begründung

Nun möchte ich meinen eigenen Standpunkt und auch den vieler Schüler/innen des … Gymnasiums kurz darlegen. Die Mehrheit will die bestehende Regelung beibehalten oder sogar lockern und spricht sich gegen ein generelles Handyverbot, das auch die Pausen betrifft, aus. Wir teilen den Wunsch unserer Eltern, uns in den Pausen erreichen zu können. In Notfällen sollten Eltern ihre Kinder anrufen können und umgekehrt. Oft genug muss der Heimweg von der Schule neu organisiert werden, z. B. wenn die letzte Schulstunde ausfällt.

Argument 1: Erreichbarkeit in Notfällen

Argument 2: Smartphones als Teil der Lebenswelt

Darüber hinaus sind Mobiltelefone, insbesondere Smartphones, ein Teil der heutigen Lebenswelt und sollten nicht künstlich daraus verbannt werden. Die meisten neuen Medien wurden zunächst verteufelt und als schädlich für Kinder und Jugendliche angesehen, später jedoch sind sie zu selbstverständlichen Unterrichtsmedien geworden. Dies gilt für Computer und Internet genauso wie für Film und Fernsehen. Ein generelles Verbot von modernen Medien wie Smartphones halte ich deshalb nicht für sinnvoll.

Argument 3: strenge Regeln oft kontraproduktiv

Allzu strenge Regelungen sind oft auch kontraproduktiv. Sie führen lediglich zu einem „Reiz des Verbotenen“ und zu einer unreflektierten Handynutzung nach der Schule. Ein verantwortungsvoller Umgang mit neuen Medien muss gelernt werden, was jedoch nicht mit einem generellen Verbot gelingen kann.

Schluss:

Bekräftigung des Anliegens und Anregung/Appell

Aus den angeführten Gründen spreche ich mich klar gegen ein Handyverbot in den Pausen aus. Darüber hinaus möchte ich das bestehende Handyverbot infrage stellen. Die Mehrzahl der Schüler kann zwar die Bedenken der Lehrer gegen die private Handynutzung im Unterricht nachvollziehen, jedoch möchte ich Sie dazu anregen, über eine sinnvolle Integration von Mobiltelefonen in den Unterricht, z. B. zu Recherchezwecken, nachzudenken.

Mit freundlichen Grüßen

Aufgabe: Verfassen Sie eine Erörterung.

Situation

Zum diesjährigen Weltfrauentag findet in Ihrer Gemeinde eine Podiumsdiskussion zum Thema „Frauen heute – Vereinbarkeit von Beruf und Familie?“ statt. Als Jugendvertreter/in werden auch Sie ersucht, daran teilzunehmen. Um sich auf die Diskussion vorzubereiten, sammeln Sie Fakten zu diesem Thema und analysieren die Frage in Form einer Erörterung.

Arbeitsanweisung

Lesen Sie dazu den Radiobeitrag „Karrieremütter – eine Vereinbarkeitslüge?“ von Nadja Hahn vom 05. 03. 2010 (Textbeilage 1) und betrachten Sie die Grafiken „Frauen: Job und Kinder kein Widerspruch“ aus der Online-Ausgabe des *Standards* vom 20. 03. 2008 (Textbeilage 2) und „Erwerbstätigenquoten von Frauen mit Kindern unter 15 Jahren nach Ausmaß der Erwerbstätigkeit und Alter des jüngsten Kindes 2011“ von der *Statistik Austria* (Textbeilage 3).

Verfassen Sie nun die Erörterung und bearbeiten Sie dabei die folgenden Arbeitsaufträge:

- Beschreiben Sie kurz die heutige Situation der Frau im Berufsalltag.
- Untersuchen Sie unter Berücksichtigung von Textbeilage 1 die Rahmenbedingungen, die die Berufstätigkeit einer Frau mit Kindern und damit eine Vereinbarkeit ihres Berufs mit der Familie erschweren.
- Setzen Sie sich auch mit den vorliegenden Grafiken auseinander und beziehen Sie deren Aussagen in Ihre Überlegungen mit ein.
- Beurteilen Sie die Bedingungen für eine Vereinbarkeit von Beruf und Familie für Frauen.

Wortanzahl: 540 – 660

Textbeilage 1

Karrieremütter – eine Vereinbarkeitslüge?

Von Nadja Hahn

Thema Kind & Karriere bleibt ein Balanceakt

Am Montag, 8. März, ist der 100. Weltfrauentag. 100 Jahre will man nun schon die Rechte der Frauen stärken, aber noch immer verdienen sie für gleiche Arbeit weniger als Männer. Und noch immer hat Kinderkriegen einen hohen Preis. Gründe dafür gibt es viele.

Der vieldiskutierte Spagat zwischen Kind und Karriere – für zahlreiche Frauen ein alltäglicher Kraftakt.

Montag früh um halb acht in einer Wiener Kinderkrippe. Hochbetrieb. Die meisten Mütter, die ihre Kinder um diese Zeit bringen, sind auf dem Weg zur Arbeit. Für die meisten ist die Vereinbarkeit von Beruf und Familie ein großes Thema. „Das ist schon machbar, aber auf alle Fälle mit viel Hilfe, ohne Mann, im besten Fall auch Omas oder Kindermädchen, wird es sehr schwierig", sagt Katharina Marcher. Die Mutter von zwei Kindern und angehende Ärztin hat mit ihrem Mann beschlossen, dass sie ihre Karriere wegen der Kinder erst später beginnt.

Bianca Obermaier, Mutter von einem Sohn namens Noel, hat schon Arbeitserfahrung und ist weniger optimistisch: „Es ist schon schwierig – der Noel fängt im Herbst mit der Schule an –, dass man die Kinderbetreuung organisiert, es ist eine Kostensache, die Volksschule hört um 12:00, 13:00 Uhr auf, ich arbeite aber bis 14:00 Uhr, kann ihn frühestens um 15:00 Uhr abholen."

Die PR-Spezialistin arbeitet Teilzeit und sieht sich benachteiligt: „Mir ist schon im Vorstellungsgespräch passiert, dass man mich gefragt hat: Was machen Sie, wenn ihr Kind krank ist? Naja, zu Hause bleiben halt. Ich glaube schon, dass ich einen Job nicht bekommen habe, weil ich ein Kind habe."

Hürden beim Wiedereinstieg

Egal in welcher privaten Situation diese Mütter sind, sie hatten Glück, denn sie haben einen Kinderbetreuungsplatz – eine wichtige Voraussetzung, dass sie überhaupt arbeiten können. Für Null- bis Zweijährige sind Kinderbetreuungsplätze in Österreich aber Mangelware, das erschwert den raschen Wiedereinstieg ins Berufsleben.

Nur 16 Prozent der Kindergeldbezieher mit Kleinkindern haben einen Platz, sei es Krippe oder Tagesmutter, rechnet die Arbeiterkammer (AK) vor. Doppelt so viele sollten es laut einer Zielvorgabe der Europäischen Union sein, sagt Ingrid Moritz, Frauenexpertin der AK. Es fehlen 40 000 Plätze. […] Die fehlenden Betreuungsplätze seien der Hauptgrund, warum die meisten Mütter in Österreich lange, also mindestens zwei Jahre, in Karenz bleiben, sagt Moritz, obwohl es ja inzwischen auch kürzere Karenzmodelle gibt, die einen frühen Wiedereinstieg leichter machen sollten.

Kind ohne Karriere?

Kind und Karriere, das ist ohne den Willen der Politik, in mehr Kinderbetreuungsplätze zu investieren, nicht möglich, bestätigt auch die Personalmanagerin Manuela Lindlbaur. „Solange nicht sichergestellt ist, dass wir eine ordentliche Kinderbetreuung haben, und zwar nicht ab dem dritten Lebensjahr in einem Kindergarten, sondern ab dem fünften, sechsten Monat, wo man Kinder von 7:00 Uhr in der Früh bis 18:00 Uhr am Abend in einer qualitativen Betreuung unterbringen kann, brauchen wir über Karrieren überhaupt nicht sprechen. Da rede ich nicht nur von Frauen in Führungspositionen, sondern von der Frau, die sich in einer Vollbeschäftigung befindet."

Auch in einem anderen Punkt sind sich die Expertinnen einig: Österreich hat auch ein kulturelles Problem mit arbeitenden Müttern. Noch immer werden viele als „Rabenmütter" abgestempelt. Ein Wort, das es übrigens in anderen Sprachen gar nicht gibt. […]

Entscheidende Einstellung

„Wir müssen gesellschaftlich, politisch, arbeitsmarktpolitisch, ökonomisch noch daran arbeiten", sagt Christine Mayrhuber, [Frauenexpertin beim Wirtschaftsforschungsinstitut WIFO,] „dass die Beschäftigung von Frauen mit Kindern ein Gewinn für die Wirtschaft ist, beziehungsweise eine Nichtbeschäftigung der Frauen eine unglaubliche Verschwendung von Wissen darstellt, für die Wirtschaft und für Betriebe."

Das größte Anliegen der WIFO-Expertin Mayrhuber: Auch die Männer sollen an der Kinderbetreuung beteiligt werden. In Österreich sind aber laut Arbeiterkammer nur knapp fünf Prozent der Kindergeldbezieher Männer.

Probleme von Müttern im Berufsleben haben aber nicht nur mit schlechten Rahmenbedingungen von Staat, Unternehmen und familiären Bedingungen zu tun, sondern auch mit der eigenen Einstellung.

Flexibilität beim Wiedereinstieg etwa sei gefragt, erzählt Elisabeth Dieker, Mutter einer zweijährigen Tochter und angestellte bei der Bank Austria. Sie warnt: Egal, was man sich vorher mit dem Chef über die Rückkehr ausmache, gerade in Zeiten der Wirschaftskrise könne sich viel ändern und die versprochene Stelle sei vielleicht nach der Karenz gar nicht mehr da. Ihre Botschaft: Nicht enttäuscht sein, flexibel sein und sich auf etwas Neues einlassen.

Quelle: Saldo - das Wirtschaftsmagazin, 05.03.2010. Karrieremütter: Eine Vereinbarkeitslüge? Gestaltung: Nadja Hahn © Österreichischer Rundfunk / Ö1; für didaktische Zwecke leicht gekürzt

Textbeilage 2

Frauen: Job und Kinder kein Widerspruch

GRAFIK

Gegenüberstellung von Beschäftigungsquote und Fruchtbarkeitsrate

	Frauenbeschäftigung in %	Kinder pro Frau
Island	81,6	2,05
Dänemark	73,2	1,80
Schweden	72,1	1,77
Großbritannien	66,8	1,80
USA	66,1	2,05
Österreich	63,5	1,41
Deutschland	61,5	1,34
OECD-Schnitt	56,8	1,63
Tschechien	56,8	1,28
Spanien	54,0	1,34
Griechenland	47,5	1,28
Italien	46,3	1,34

Quelle: APA-Grafik/picture-desk

Textbeilage 3

Erwerbstätigenquoten von Frauen mit Kindern unter 15 Jahren nach Ausmaß der Erwerbstätigkeit und Alter des jüngsten Kindes 2011 – GRAFIK

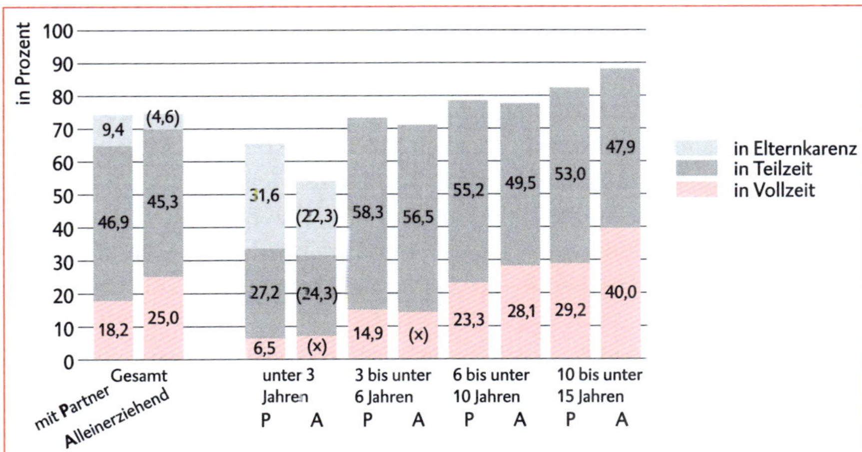

Quelle: STATISTIK AUSTRIA, Mikrozensus-Arbeitskräfteerhebung 2010. Nach ILO-Konzept. Erstellt am 15. 2.2013. ( ) Werte, die auf weniger als hochgerechnet 6 000 Personen beruhen, sind sehr stark zufallsbehaftet. (x) Werte, die auf weniger als 3 000 Personen beruhen, sind statistisch nicht interpretierbar.

Lösungsvorschlag

Einleitung:
Hinführung zum Thema

Kind und/oder Karriere? Diese Frage stellen sich wohl die wenigsten Jugendlichen. Und doch lohnt es sich schon jetzt, sich mit der Vereinbarkeit von Familie und Beruf zu beschäftigen – eine Frage, die die meisten früher oder später betreffen wird.

Hauptteil:
Situation der heutigen Frau im Berufsalltag: Vereinbarkeitsproblem

Denn dass ein Vereinbarkeitsproblem besteht, zeigt ein Blick auf die heutige Situation von Frauen im Berufsalltag. Viele Frauen sehen sich angesichts schlechter Rahmenbedingungen vor das Problem gestellt, wie sie sowohl ihrer Familie als auch ihrem Beruf gerecht werden können. Ein Vergleich mit anderen Länder macht deutlich, dass zwar relativ viele Österreicherinnen berufstätig sind, jedoch verhältnismäßig wenige Kinder bekommen: Mit einer Beschäftigungsquote von 63,5 % liegen die österreichischen Frauen über dem OECD-Durchschnitt. Aber jede Österreicherin bekommt laut Statistik nur 1,41 Kinder, viel weniger als z. B. die Isländerinnen mit 2,05 Kindern – obwohl 81,6 % von diesen einer Beschäftigung nachgehen. Doch welche Rahmenbedingungen sind es, die eine Vereinbarkeit von Beruf und Familie für Frauen in Österreich anscheinend erschweren?

erschwerende Rahmenbedingungen?

ökonomische Nachteile: ungleiches Gehalt und unflexible Arbeitszeiten

Zunächst sind ökonomische Faktoren zu nennen. Frauen werden überwiegend schlechter bezahlt als Männer und darüber hinaus von so manchem Arbeitgeber mit unflexiblen Arbeitszeiten konfrontiert. So führt ein einfacher Vergleich der Gehaltsabrechnungen dazu, dass zum Großteil Frauen statt Männer in Elternkarenz gehen und anschließend in Teilzeit arbeiten. Und auch 10 bis 15 Jahre nach der Geburt ihres Kindes arbeiten nur rund 35 Prozent der Mütter wieder in Vollzeit, über 50 Prozent haben jedoch noch immer eine Teilzeitstelle. Von den Vätern hingegen beziehen nur 5 Prozent Kindergeld und bleiben zuhause. Ungleiche Gehälter und unflexible Arbeitszeiten verhindern also sowohl einen schnellen Wiedereinstieg von Müttern in den Beruf als auch eine mögliche Karriere, da „Teilzeit-Karrieren" eher die Ausnahme sind. Darüber hinaus stellt ein Kind oft auch ein Negativkriterium für Mütter beim Vorstellungsgespräch dar. Zur Vereinbarkeit von Beruf und Familie, gehört aber, dass beruflicher Erfolg für Mütter nicht von Vornherein ausgeschlossen ist.

Benachteiligung durch Personalchefs

gesellschaftliche Erwartungen und persönliche Voraussetzungen

Weiters sind es oftmals soziale Rahmenbedingungen, die verhindern, dass Frauen Kind und Karriere gleichermaßen unter einen Hut bringen. Traditionell sehen sich Frauen mit der gesellschaftlichen Rollenerwartung konfrontiert, dass Kindererziehung vor allem Aufgabe der Mütter sei. Es wird vorausgesetzt, dass Frauen – nicht Männer – in Elternkarenz gehen. Viele Frauen, die schon bald nach der Geburt ihres Kindes wieder arbeiten – vielleicht sogar in

Vollzeit –, werden von der Gesellschaft als „Rabenmütter“ stigmatisiert. Solange Frauen jedoch ein schlechtes Gewissen eingeredet wird, weil sie sich nicht rund um die Uhr um ihre Kinder kümmern, werden viele auf eine berufliche Karriere verzichten. Nur ein gesellschaftlicher Bewusstseinswandel, der arbeitende Frauen nicht als schlechte Mütter einstuft, kann die Vereinbarkeit von Familie und Beruf verbessern. Zudem ist auch die persönliche Bereitschaft zu Flexibilität gefordert. Nur darauf zu warten, dass die Politik oder die Gesellschaft alle Hindernisse beseitigt, wird das Vereinbarkeitsproblem nicht lösen.

arbeitsmarktpolitische Rahmenbedingungen: Mangel an Betreuungsplätzen

Nichtsdestoweniger liegt die Hauptursache für eine problematische Vereinbarkeit von Familie und Beruf in den arbeitsmarktpolitischen Rahmenbedingungen. Der Mangel an Kinderbetreuungsplätzen lässt vielen Müttern oft gar keine Wahl, vor allem, wenn sie nicht auf familiäre Hilfe zurückgreifen können. Nur wenn von der Politik genügend Betreuungsplätze – insbesondere auch für Kleinkinder ab 5 oder 6 Monaten – geschaffen werden, können Frauen überhaupt wieder in den Beruf einsteigen. Dabei geht es jedoch nicht nur um Krippenplätze und Kinderhorte, sondern auch um Ganztagsbetreuung in Kindergärten und Schulen. Indem so den Müttern die Möglichkeit gegeben wird, möglichst bald wieder in Vollzeit zu arbeiten, kann ihnen ein berufliches Weiterkommen gelingen.

Schluss:

zusammenfassende Bewertung der Bedingungen für die Vereinbarkeit von Beruf und Familie

Zusammenfassend lässt sich sagen, dass Wirtschaft, Politik und Gesellschaft vor einer großen Herausforderung stehen. Die Notwendigkeit, unterstützende Rahmenbedingungen in den genannten Bereichen zu schaffen, ist dabei nicht von der Hand zu weisen. Davon können jedoch nicht nur Frauen, sondern auch Männer, die Arbeitgeber und nicht zuletzt die ganze Gesellschaft profitieren: Das Wissen gut ausgebildeter Frauen geht nicht mehr verloren und gleichzeitig kommt die Gesellschaft dem Ziel der Gleichberechtigung näher. Viele Männer sind vielleicht sogar froh, den gesellschaftlichen Druck, der Hauptensährer der Familie sein zu müssen, mit ihrer Partnerin teilen zu können. Insgesamt halte ich eine Veränderung der politischen und ökonomischen Bedingungen für leichter realisierbar als diejenige der gesellschaftlichen Rollenerwartungen. Einen Bewusstseinswandel herbeizuführen ist schwieriger, als politische und unternehmerische Entscheidungen zu treffen. Hier ist der politische Wille entscheidend – und in einer Demokratie gibt es durchaus die Möglichkeit, auf diesen Einfluss zu nehmen.

Aufgabe: Verfassen Sie eine Empfehlung.

Situation

Im Rahmen eines Projekts zum Thema Rollenbilder „Die Frauen und Männer von morgen" werden Klischees und Lebensentwürfe für beide Geschlechter diskutiert. Sie erhalten die Aufgabe, eine Empfehlung an Jugendliche Ihres eigenen Alters zu schreiben, in der Sie die jungen Frauen bzw. Männer auffordern, ihre Geschlechterrolle wahrzunehmen und Ihren Vorstellungen entsprechend zu leben.

Arbeitsanweisung

Lesen Sie den Bericht „Neue Rollenbilder" von Iris Röll aus der Zeitschrift *Focus Schule* vom 01. 05. 2011.

Verfassen Sie nun die Empfehlung und bearbeiten Sie dabei die folgenden Arbeitsaufträge:

- Beschreiben Sie kurz die gängigen Rollenbilder und Klischees in Bezug auf die Geschlechter.
- Erläutern Sie, wie Jugendliche angesichts eines „wackelnden Weltbildes" in Bezug auf die Rollenbilder eine eigene Geschlechtsidentität finden können. Beziehen Sie dabei auch die Tipps aus der Textvorlage mit ein.
- Entwerfen Sie ein Bild der Frau bzw. des Mannes von morgen, das Ihren Vorstellungen dieser Geschlechterrolle entspricht.

Wortanzahl: 270–330

Textbeilage

Neue Rollenbilder

Von Iris Röll

Kampf den Klischees

Alphamädchen und Weicheier? Tussen und Machos? Jungen und Mädchen definieren ihre Rollen heute ganz neu. Aber viel Freiheit heißt auch wenig Sicherheit. Wir Eltern sollen da Orientierung bieten und sind doch selbst oft irritiert.

Früher waren die Geschlechterrollen ebenso starr wie klar: Jungen waren stark, laut, selbstbewusst, strengten sich in der Schule nicht an, prügelten sich, standen ihren Mann, und natürlich heulten sie nicht. Mädchen waren nett, hübsch, hilfsbereit, fleißig in Schule und Haushalt, anpassungsfähig, trugen ihre Scharmützel in Form von Intrigen aus, und natürlich war Heulen okay. Und heute? Da gilt das alles so nicht mehr, zumindest nicht mehr ganz. Wir Eltern und auch Lehrer registrieren erstaunt, dass Jungen sich nach einem flapsigen Spruch beleidigt in den Schmollwinkel zurückziehen und Mädchen souverän die Mitglieder der Schulhausverschönerungs-AG in ihre Aufgaben einweisen. Nicht alle und nicht immer, aber die Geschlechterrollen sind eindeutig in Bewegung geraten.

Der Jugendforscher Klaus Hurrelmann hat ein Mosaiksteinchen in diesem wackelnden Weltbild gefunden, als er mehr als zwei Millionen Anrufe von Ratsuchenden beim anonymen Kinder- und Jugendtelefon „Nummer gegen Kummer" von 2000 bis 2009 ausgewertet hat. In dieser Zeit ist der Anteil der männlichen Anrufer von 25 auf 40 Prozent gestiegen. Vier kleine Ziffern mit einer großen Bedeutung, glaubt der Soziologe: „Rat und Hilfe zu suchen ist traditionell unmännlich. Wir sehen hier ein deutliches Symptom für einen Wandel in der Geschlechterrolle bei jungen Männern. Das Kinder- und Jugendtelefon ist in seiner Anonymität da eine Art Frühsignalsystem."

Alle Möglichkeiten nutzen

Woher diese Veränderung? Der Druck auf die Jungen sei größer geworden, so Hurrelmann, auch technische Gründe spielten eine Rolle: „Durch Handy oder E-Mail können die Jungen heute sehr unauffällig Kontakt zu den Beratern aufnehmen." Die Themen, die die Kids zum Hörer greifen lassen, unterscheiden die Geschlechter immer noch, aber auch hier bemerken die Mitarbeiter des Sorgentelefons Veränderungen: „Die Anforderungen an Mädchen in Schule und Ausbildung sind gewachsen und machen ihnen psychisch zu schaffen. Bei den Jungen stieg die Bedeutung von Problemen mit Körper und Aussehen", resümiert Hurrelmann. Ein Mädchen, das erklärt, Schule sei nicht wichtig, weil es später ohnehin die Mama-Rolle anstrebe? Undenkbar im Zeitalter von Alpha-Mädchen und Bildungsgewinnerinnen. „Ihr habt alle Möglichkeiten, also nutzt sie gefälligst", so die öffentliche Botschaft. „Wir werden auf jeden Fall später mehr arbeiten als unsere Mütter, und wir können uns nicht mehr darauf verlassen, dass der Mann das Geld für die Familie verdient", glaubt die 14-jährige Sophia. Und Katharina Weiß, 16 Jahre alt und Autorin des Buches „Generation geil", erklärt: „Mädchen sind, was das äußere Erscheinungsbild ihres Partners betrifft, inzwischen oft anspruchsvoller als Jungen. Wenn der Körper nicht an den richtigen Stellen rasiert ist – das geht gar nicht!" [...]

Sechs Tipps für Eltern von Mädchen

Von Elisabeth Raffauf, Psychologin und Autorin des Ratgebers „Pubertät heute".

1. Selbsterkenntnis: Jede Mutter, jeder Vater hat unbewusste Vorstellungen, wie ein Mädchen oder eine Frau zu sein hat. Sich diese Ansichten bewusst zu machen hilft, sie nicht einfach auf die Töchter zu übertragen.

2. Perfektionismusfalle: Mädchen machen es gern allen recht. Auch wenn das angenehm ist für Eltern: Holen Sie die Tochter von diesem Anspruch herunter. Tolle Frauen müssen nicht perfekt sein! Erkennen Sie gute Schulleistungen immer an; sie sind nicht selbstverständlich.

3. Papas ran: Für das Selbstwertgefühl von Mädchen ist es wichtig, dass sich beide Eltern ehrlich für sie und ihre Themen interessieren.

4. Barbie und Batman: Heute eigentlich selbstverständlich – unterstützen Sie Neigungen in alle Richtungen. Fußball und Raufen sind genauso okay wie Ballett und Barbie. Zeigen Sie Ihrer Tochter möglichst auch Frauen in untypischen Berufen, wie Ingenieurinnen. Tabu sein müssen Sätze wie: „Mathe ist ja auch nix für Mädchen ...."

5. Bin ich gut? Mädchen vergleichen sich – untereinander, aber auch mit Medienbildern. Ermutigen Sie Ihre Tochter, selbst zu urteilen, was sie schön findet. Und holen Sie die angeblichen Alpha-Mädchen auf den Boden der Tatsachen: Auch Lady Gaga ist mal schwach, und Heidi Klum sieht beim Babywickeln sicher nicht immer super aus.

6. Heikles Terrain: Sie müssen nicht die jahrhundertelange Unterdrückung der Frauen mit Ihrer Tochter ausdiskutieren, aber da sein, wenn sie den ge-

schützten Raum Schule verlässt. Wenn es zum Beispiel mit dem Ausbildungsplatz nicht klappt, können Sie mit Lebenserfahrung aushelfen und klarstellen, dass das Arbeitsleben oft noch nach traditionell männlichen Spielregeln läuft.

Sechs Tipps für Eltern von Jungen

Von Reinhard Winter, Leiter des SOWIT-Instituts und Autor von „Jungen – eine Gebrauchsanweisung"

1. Vorsicht, Klischees! Nehmen Sie wahr, was für ein Junge Ihrer ist, unabhängig von allen geläufigen Rollenmodellen. Natürlich ändert sich dieses Bild mit der Zeit. Versuchen Sie also gelegentlich einen Blick von außen auf Ihren Sohn.

2. Reden ist Silber … Handeln ist Gold! Jungen bauen durch gemeinsames Handeln eine Beziehung auf. Tun Sie also etwas mit Ihrem Jungen, egal, ob basteln, kochen, zelten oder Computer spielen. Es muss gar nichts typisch Männliches sein, sondern einfach zu den Interessen Ihres Sohnes passen.

3. Kräfte messen: Fast alle Jungen suchen den Wettbewerb, also bieten Sie Arenen der Konkurrenz. Die müssen nicht unbedingt auf dem Fußballplatz oder an der Carrera-Bahn liegen. Im Idealfall lebt dabei der Vater vor, wie man auf gute Art männlich konkurriert und kämpft, gewinnt oder verliert.

4. Das Positive wahrnehmen: Lassen Sie sich nicht vom Gerede über die „Jungen-Katastrophe" oder die „Bildungsverlierer" verunsichern. Ihr Junge ist kein Mängelmodell, sondern zuerst mal ein tolles Kind. Wenn Sie seine Kompetenzen anerkennen, ist er auch eher bereit, an fehlenden Fähigkeiten zu arbeiten.

5. Fordern Sie! Stellen Sie dem Jungen Aufgaben. Damit zeigen Sie, dass Sie ihn ernst nehmen und er wichtig ist für die Gemeinschaft. Dabei gilt: Jungen brauchen klare Ansagen! „Bitten" Sie ihn nur um etwas, kann er auch ablehnen.

6. Was bewegt ihn? Nehmen Sie die aktuellen Themen Ihres Sohnes wahr: die Konkurrenz zum Vater? Seine körperliche Entwicklung? Den Status in der Clique? Versuchen Sie, ihm immer wieder verschiedene Optionen aufzuzeigen, wie man sich in bestimmten Situationen als Junge oder Mann verhalten kann.

Quelle: http://www.focus.de/schule/familie/erziehung/eltern/tid-22906/neue-rollenbilder-kampf-den-klischees_aid_628024.html; erschienen am 01. 05. 2011; für didaktische Zwecke leicht gekürzt

Lösungsvorschlag

Einleitung:
Thema, situativer Kontext, Ausgangstext

Auch im 21. Jahrhundert gibt es noch traditionelle geschlechtsspezifische Rollenbilder, durch welche wir uns selbst und andere wahrnehmen – und die unser Handeln unbewusst beeinflussen. Auf der Suche nach der Vorstellung von „Frauen und Männern von morgen" habe ich im Rahmen des gleichnamigen Projekts diese Rollenbilder genauer unter die Lupe genommen. Dazu habe ich den Bericht „Neue Rollenbilder" von Iris Röll vom 01.05.2011 aus der Zeitschrift *Focus Schule* herangezogen.

Hauptteil:
Beschreibung geschlechtsspezifischer Rollenbilder

Diesem zufolge gelten Mädchen zwar noch immer als die Strebsameren, die perfektionistisch ihre Aufgaben erfüllen, sie gehen aber heute viel souveräner mit Herausforderungen um und trauen sich mehr zu als früher. Gleichzeitig müssen sie mit steigenden Erwartungen in der Ausbildung zurechtkommen. Jungen sind zwar nach wie vor konkurrenzorientierter als Mädchen, aber auch sensibler und mehr mit ihrem Aussehen beschäftigt als noch vor einigen Jahren. Seit jeher haben sie eigentlich stark und selbstbewusst zu sein, Gefühle zu zeigen sieht das traditionelle männliche Rollenbild – im Gegensatz zum weiblichen – nicht vor.

Möglichkeiten, eine eigene Geschlechtsidentität zu finden:

Wie kannst du angesichts einer verwirrenden Vielfalt alter, ins Wanken geratener und neuer Rollenbilder nun am besten deine eigene Geschlechtsidentität finden? Zunächst einmal solltest du dir der gängigen Klischees bewusst werden. Nur wenn du Rollenbilder infrage stellst und nicht unreflektiert übernimmst, kannst du wirklich herausfinden, wo deine eigenen Interessen liegen. Man darf sich nicht vorschreiben lassen, was einem Spaß machen soll, sondern muss auch für scheinbar „untypische" Hobbys offen sein. Als unverzichtbar erscheint mir, sich selbst ein eigenständiges Urteil zuzutrauen. Wenn du dich von Rollenerwartungen eingeengt fühlst, können Gespräche mit Eltern und Freunden neue Perspektiven eröffnen. Manchmal ist es auch leichter, mit unbeteiligten Personen zu reden, z. B. Mitarbeitern eines Kinder- und Jugendtelefons.

Bewusstwerdung

Offenheit und Selbstvertrauen

Gespräche

Schluss:
Entwurf eigener Geschlechterrollen und Empfehlung

Um überkommene Geschlechterrollen hinter dir zu lassen, empfehle ich dir, vom anderen Geschlecht einige als bislang typisch geltende Eigenschaften zu übernehmen: Mein Bild der Frau von morgen ist das einer stärker aneckenden, weniger perfektionistischen Frau, die sich weiterhin Gefühle erlaubt. Dementsprechend sehe ich den Mann von morgen in einer immer noch gerne mit anderen wetteifernden und Konflikte offen austragenden, aber auch mehr Emotionen zeigenden Rolle. Trau dich, „untypisch" zu sein